Christine Waßmann

Köstliche Getreideküche

Christine Waßmann

Köstliche Getreideküche

fantastisch vegetarisch

Inhalt

Getreide auf den Tisch

Was darf es sein? Russische Buchweizenpfannkuchen, süddeutsche Grünkernsuppe, italienisches Risotto, Soufflees aus süßer Hirse, Desserts mit knackigen Roggenkeimlingen, gegrillte Maiskolben, herzhafte Brotaufstriche, Muffins, Gratins, Quiches oder Kuchen ...? Mit Getreide zu kochen und zu backen ist ein Thema mit unendlichen Variationen.

Weltweit gehört Getreide seit Jahrtausenden zu den Grundnahrungsmitteln. So ernährt sich beispielsweise die halbe Menschheit noch heute hauptsächlich von Reis. Eine kaum geringere Rolle für die Welternährung spielen Weizen und Mais. In unseren Breiten hat die Bedeutung des Getreides seit Mitte des 19. Jahrhunderts deutlich abgenommen. Hafer und Buchweizen beispielsweise, einst wichtige Nahrungsmittel, mussten der Kartoffel weichen, später kam der stark steigende Konsum an tierischen Nahrungsmitteln hinzu. Getreide wird meist in Form von Brot, Gebäck und Nudeln aus mehr oder weniger stark ausgemahlenem Mehl gegessen. Verbreitet ist allenfalls noch die Reisbeilage.

Doch scheint sich allmählich eine Veränderung anzubahnen. Immer mehr Menschen suchen nach vegetarischen Alternativen zur Fleischernährung oder sind neugierig, welche Köstlichkeiten in anderen Ländern auf den Tisch kommen. Genau dafür bietet sich die Getreideküche in geradezu idealer Weise an. Wer ausprobiert hat, wie groß die Palette an Getreidearten ist, wie vielfältig ihre Verwendungsmöglichkeiten sind und wie köstlich Getreidegerichte schmecken können, wird nicht mehr von ihnen lassen wollen.

Dieses Buch versammelt Rezepte zu den bekanntesten Getreidearten – Weizen, Dinkel, Roggen, Gerste, Reis, Hafer, Hirse, Mais und Buchweizen –, auf dass Ihnen die Ideen nicht ausgehen mögen. Außerdem birgt es viel Wissenswertes zu den einzelnen Getreiden, ihrer Geschichte und ihren jeweiligen Besonderheiten.

Pluspunkte fürs volle Korn

Zwar gibt es Unterschiede in der Nährstoffzusammensetzung der verschiedenen Getreidearten, generell aber gilt: Getreide versorgt den Körper mit nahezu allem, was er zu seiner Gesunderhaltung braucht. Es liefert viele komplexe Kohlenhydrate, Ballaststoffe, Eiweiß und wichtige Vitamine, besonders B-Vitamine und Vitamin E. Außerdem ist es reich an Mineralstoffen wie Eisen, Magnesium und Kalium und verfügt über viele sekundäre Pflanzenstoffe. Letztere beeinflussen unter anderem den Cholesterinspiegel positiv und können auch das Wachstum von Bakterien hemmen.

Die Inhaltsstoffe sind im Getreidekorn nicht gleichmäßig verteilt, daher sollte immer das volle Korn verwendet werden. Nur so ist gewährleistet, dass alles, was an Wertvollem in ihm steckt, seine Wirkung voll entfalten kann. Ballaststoffe und sekundäre Pflanzenstoffe sitzen beispielsweise in den Randschichten, und im Keimling konzentriert sich wertvolles Eiweiß.

Vollkornmehl und Vollkornschrot enthalten alle Bestandteile des ganzen Getreidekorns. Der Sauerstoff der Luft greift Vitamine und Aromastoffe an und auch das im Keimling befindliche Öl wird schon nach kurzer Zeit ranzig. Deshalb ist es wichtig, das Getreide immer erst dann zu mahlen, wenn es direkt verwendet wird.

Um die gesundheitlichen wie die geschmacklichen Vorzüge von Getreide vollauf zu nutzen, wäre es das Beste, alle Getreidearten im Haus zu haben, nach Lust und Laune zwischen ihnen zu wechseln und sie mal als ganze Körner, mal in Flockenform, mal frisch gemahlen oder geschrotet zu verwenden.

Inhaltsstoffe der verschiedenen Getreidearten

	Buch-weizen*	Dinkel/ Grünkern	Gerste	Hafer*	Hirse*	Mais	Reis*	Roggen	Weizen
Energie (kJ)	1425	1470	1430	1530	1510	1498	1492	1323	1342
Eiweiß (g)	9,1	11,5	11,0	12,5	10,5	9,0	7,5	8,8	11,5
Fett (g)	1,7	2,7	2,1	7,1	3,9	3,8	2,2	1,7	2,0
KH (g)	72,0	69,0	72,0	63,0	71,0	71,0	75,5	69,0	70,0
Calcium (mg)	21	22	38	79,6	25	15	23	64	43,7
Eisen (mg)	3,2	4,2	2,8	5,8	9,0	1,5	2,6	5,1	3,3
Kalium (mg)	324	447	444	355	215	330	150	530	502
Magnesium (mg)	85	130	119	129	170	120	157	140	173
Vitamin B_1 (mg)	0,24	0,40	0,43	0,52	0,46	0,36	0,41	0,35	0,48
Vitamin B_2 (mg)	0,15	0,15	0,18	0,17	0,14	0,20	0,09	0,17	0,24
Vitamin B_6 (mg)	0,58	0,27	0,56	0,75	0,75	0,40	0,67	0,29	0,44
Vitamin E (mg)	3,7	1,6	0,67	0,84	0,10	2,0	0,74	2,0	1,35
Folsäure (mg)	0,03	0,03	0,065	0,033	0,01	0,026	0,016	0,14	0,09
Niacin (mg)	2,9	6,9	4,8	1,8	4,8	1,5	5,2	1,8	5,1

Angaben pro 100 g Getreide

*Buchweizen, Hirse: geschält; Reis: ungeschliffen

Richtig einkaufen,
richtig lagern

Für den Einstieg in die Getreideküche ist zu empfehlen, sich zunächst nur mit kleineren Mengen zu bevorraten. Naturkostläden bieten alle Getreidearten als ganzes Korn und die meisten auch in Form von Flocken in kontrolliert biologischer Qualität an. Die Körner wurden garantiert ohne den Einsatz von künstlichen Düngern und Schädlingsbekämpfungsmitteln erzeugt und haben nach der Ernte einen aufwändigen Reinigungsprozess durchlaufen. Im Angebot sind 500- und 1000-Gramm-Packungen. Zwar sind die Packungen mit einem Haltbarkeitsdatum versehen, richtig aufbewahrt hält sich Getreide aber auch noch darüber hinaus. Generell gilt: Immer luftig, kühl und vor Schädlingen geschützt lagern. Intensive Fremdgerüche, starke Sonneneinstrahlung und hohe Luftfeuchtigkeit sollten vermieden werden. Kleine Mengen kann man in der Originalverpackung (aus Papier oder Polypropylen) belassen oder in verschließbare Dosen und Gläser umfüllen.

Wer sich dazu entschließt, sein Brot öfter mal selbst zu backen oder andere gute Gründe hat, Getreide gleich in größeren Mengen einzukaufen (z. B. weil unsere Rezepte so begeistern ...), ist mit einem Vorratssack aus Leinen oder Baumwolle gut bedient, der am besten an einem gut durchlüfteten Platz hängt.

Gute Investitionen: Mühle und Flocker

Zwar gehört es im Naturkostladen zum selbstverständlichen Kundenservice, Getreide zu mahlen oder zu schroten, auf Dauer ist jedoch die Anschaffung einer elektrischen Getreidemühle sehr sinnvoll. Mit einer eigenen Mühle kann man jederzeit die benötige Menge an Mehl oder Schrot direkt vor der Weiterverarbeitung selbst herstellen und auf diese Weise gewährleisten, dass alle wertgebenden Inhaltsstoffe bestmöglich erhalten bleiben. Das Angebot ist äußerst vielfältig, es reicht von Mahlaufsätzen für die Küchenmaschine bis hin zu Hochleistungs-Haushaltsmühlen, die in kurzer Zeit große Mengen Getreide bewältigen können. Auch kann man zwischen den verschiedensten Ausführungen wählen (Holz- oder Kunststoffgehäuse, unterschiedliche Motorenleistungen). Mahlwerke aus Stahl sind relativ preisgünstig und haben den Vorteil, dass damit auch Ölsaaten wie Mohn, Sesam oder Leinsamen problemlos verarbeitet werden können. Steinmahlwerke liefern hingegen bei Bedarf das feinere Mehl, sind aber für Ölsaaten nicht geeignet.

Der Kauf einer Flockenquetsche zur Herstellung von Getreideflocken aus dem vollen Korn ist ebenfalls zu erwägen. Der Vorteil auch hier: Man kann immer genau so viele Flocken bereiten, wie gerade gebraucht werden und auf diese Weise die bei Fertigprodukten lagerungsbedingten Vitaminverluste ausschließen. Darüber hinaus ist man unabhängig vom Angebot im Naturkosthandel. Nicht alle Läden haben beispielsweise immer Hirse- oder Reisflocken in ihrem Sortiment. Wer sich einen solchen Flocker anschaffen möchte, ist normalerweise mit einem Gerät für den Handbetrieb (zur Befestigung am Tisch oder an der Wand) gut beraten. In den seltensten Fällen dürfte der Flockenbedarf so groß sein, dass sich die Anschaffung eines elektrischen Gerätes lohnen würde.

Zeitmanagement: Planung ist alles

Es stimmt: Kochen mit Getreide erfordert etwas Zeit. Zumindest, wenn die ganzen Körner zum Einsatz kommen sollen. Einige Getreidearten (Roggen, Weizen, Dinkel, Gerste) wollen vor dem Kochen mehrere Stunden oder über Nacht eingeweicht werden und benötigen darüber hinaus eine relativ lange Kochzeit. Mitunter muss auch noch Zeit zum Nachquellen einkalkuliert werden (siehe Tabelle Seite 12).

Hier ist gute Planung gefragt: So kann beispielsweise das eingeweichte Getreide auf dem Herd kochen, während man selbst am Frühstückstisch sitzt. Vor dem Start zur Arbeit wird der Herd abgestellt, und das Getreide kann in Ruhe nachquellen. Abends lässt sich dann schnell ein warmes Hauptgericht oder ein sättigender Salat daraus zaubern.

In etlichen Rezepten steht bereits gekochtes Getreide auf der Zutatenliste (z. B. für sämige Suppen mit Reis oder Rote Grütze mit Gerste). Da sich gekochtes Getreide im Kühlschrank ohne Probleme einige Tage hält, ist es sinnvoll, einfach immer etwas mehr zu kochen und das Übriggebliebene für ein anderes Gericht weiter zu verwenden.

Für viele Rezepte wird auch das Getreide nicht in Form der ganzen Körner, sondern zu Schrot oder Mehl vermahlen benötigt. In diesen Fällen spielt der Zeitfaktor sowieso keine so große Rolle, sieht man davon ab, dass ein Auflauf oder ein Kuchen ja auch noch für eine Weile in den Backofen müssen ...

Dass die Getreideküche aber selbst für eilige Zeitgenossinnen und -genossen unzählige Möglichkeiten bietet, stellen Hirse und Buchweizen eindrucksvoll unter Beweis. Beide sind nämlich in weniger als einer halben Stunde gar (und kommen ganz ohne Einweichzeit aus). Sehr schnell auf den Tisch gebracht sind auch Gerichte mit Polenta (Maisgrieß) oder Couscous (zerkleinerter und vorgegarter Hartweizen), die, kombiniert mit den entsprechenden Zutaten und Gewürzen, vielfältig variiert werden können. Mal präsentieren sie sich italienisch, mal eher arabisch. Sehen Sie selbst ...

Einweich- und Garzeiten der Getreidekörner

	Verhältnis Getreide/Wasser	Einweichzeit	Garzeit (in Minuten)	Nachquellzeit (in Minuten)	Besonderheiten
Buchweizen	1 : 1,5	keine	15 – 20	10	heiß abspülen
Hafer	1 : 2,5	keine	30	5 – 10	
Hirse	1 : 2,5	keine	15 – 20	5 – 10	heiß abspülen
Reis	1 : 2,0	keine	40	–	
Roggen	1 : 2,5	über Nacht	60	30	
Weizen	1 : 2,0	über Nacht	45	15	
Dinkel	1 : 2,0	über Nacht	30 – 40	15	
Grünkern	1 : 2,0	keine	30	15	
Gerste	1 : 2,5	über Nacht	45	15	

So keimt Getreide

Sie werden in diesem Buch auch einige Rezepte finden, in denen als Zutat Getreidesprossen (Weizen, Roggen und Buchweizen) verwendet werden. Gekeimtes Getreide zeichnet sich nicht nur durch seine Knackigkeit und seinen angenehmen, mild süßlichen Geschmack aus, es hat noch einen weiteren großen Vorzug: Der Keimvorgang bewirkt einen deutlichen Anstieg des Vitamingehalts. Das Keimen bietet sich daher besonders (aber natürlich nicht nur) in der vitaminarmen Winterzeit an. Alle Getreidearten lassen sich einfach und ohne große Mühe zum Keimen bringen (bei kontrolliert biologischer Ware kann man sich auf die gute Keimfähigkeit verlassen).

Nötig sind:
ein Einmachglas, ein Stück Gaze und ein Gummiring (etwas komfortabler sind Gläser mit einem Siebschraubdeckel).

Und so wird's gemacht:
Zwei bis drei Esslöffel Getreide in das Glas geben und über Nacht in Wasser einweichen. Das Glas mit der Gaze bedecken und diese mit dem Gummi befestigen. Am nächsten Morgen das Wasser durch die Gaze hindurch abschütten und das Glas mit der Öffnung nach unten leicht gekippt auf ein Ablaufbrett stellen, damit die Luft zirkulieren kann. Die Keime dreimal täglich ausgiebig durchspülen. Nach zwei bis vier Tagen kann »geerntet« werden. Zum Keimen ideal ist eine Temperatur von etwa 20° C. Nach dem Keimen sollte man Glas und Gaze mit Essigwasser gut reinigen.

Gutes Gelingen

Jetzt steht dem Entdecken der Getreideküche – außer einigen Hinweisen – eigentlich nichts mehr im Weg. Idealerweise sollte nicht nur das Getreide, sondern auch die anderen Zutaten aus kontrolliert biologischem Anbau stammen. Abgesehen davon, dass biologisch erzeugte Produkte einfach gesünder sind als die Erzeugnisse der konventionellen Landwirtschaft, können wir als Konsumenten über unser Einkaufsverhalten auch einen aktiven Beitrag zum Schutz von Natur und Umwelt leisten.

Bis auf wenige Ausnahmen (mit dem entsprechenden Vermerk) sind die Rezepte für vier Personen berechnet. Die angegebenen Backzeiten gehen von einem vorgeheizten Backofen aus. Kommen die Gerichte in den kalten Ofen, verlängern sich die Backzeiten entsprechend.

Symbole

Die Rezepte sind mit Symbolen gekennzeichnet. Auf einen Blick zeigen sie, welcher Kategorie das jeweilige Rezept zuzuordnen ist. Zusätzlich zum Rezeptregister auf Seite 172 helfen sie beim Kochen und Backen und bei der Suche nach neuen Ideen.

 Frühstück

 Suppen

 Brotaufstriche

 Salate

 Hauptgerichte, süß oder pikant

 Brot und pikante Backwaren

 Kuchen

 Desserts

Weizen

Noch bis ins 19. Jahrhundert spielte **Weizen** – er zählt zur Gattung der Süßgräser – in Mitteleuropa keine große Rolle. Viel mehr Gewicht hatte bis dahin der Anbau von Roggen und Hafer. Heute ist die Situation eine andere: Auch weltweit ist Weizen das am häufigsten kultivierte Getreide, seine wirtschaftliche Bedeutung rangiert hinter der von Reis auf Platz zwei. Durch die Züchtung immer ertragreicherer Weizensorten wurden andere Getreide nach und nach verdrängt.

Aus den Gebirgszonen Zentralasiens stammend, gehen die heutigen Kulturformen **Saat- bzw. Weichweizen** und **Hart- bzw. Durumweizen** auf die Urgräser **Emmer** und **Einkorn** zurück. Der uns geläufige Saatweizen hat einen langen kräftigen Halm und Ähren ohne Grannen, Hartweizen dagegen ist begrannt. Seine Körner sind härter und sehen leicht glasig aus.

Dank seines hohen Gehalts an Klebereiweiß verfügt Weizen über ausgesprochen gute Backeigenschaften. Brot und Gebäck aus Weizen geraten locker und feinporig. Hartweizen, der eher in wärmeren Klimazonen gedeiht, ist das typische Pastagetreide. Aus ihm stellt man in Italien die hoch geschätzten Teigwaren in allen nur erdenklichen Formen her.

Im Nahen und Mittleren Osten sowie im Norden Afrikas sind zwei Produkte aus Weizen zuhause, die ebenfalls ihren Weg in unsere Küche gefunden haben: **Bulgur** und **Couscous**. Für Bulgur wird Weizen eingeweicht, mehrere Stunden gekocht, an der Luft getrocknet und grob zerkleinert. Er lässt sich gut aufbewahren und ist im Nu gar. Ganz ähnlich verhält es sich mit Couscous: geschroteter Hartweizen wird mit Wasserdampf vorgegart und anschließend getrocknet. Auch dieses leichte Weizengericht kann man in kaum einer Viertelstunde auf den Tisch bringen.

Von sich reden gemacht hat in letzter Zeit **Kamut**, ein in Vergessenheit geratener Urahn des Hartweizens, den einige biologisch wirtschaftende Bauern heute wieder in kleinen Mengen anbauen. Seine Körner sind doppelt so groß wie herkömmliche Weizenkörner und er zeichnet sich durch einen angenehmen, butterähnlichen Geschmack aus.

Beim Weizen wird besonders augenfällig, wie groß die Verluste an wertvollen Inhaltsstoffen sind, vergleicht man das Mehl aus dem vollen Korn und weißes Auszugsmehl ohne Keimling und kleiehaltige Randschichten. So ist beispielsweise der Mineralstoffgehalt von Weißmehl um rund zwei Drittel niedriger als bei Vollkornmehl, die Vitaminverluste betragen zum Teil sogar über 80 Prozent.

Weizen als das Backgetreide schlechthin kommt sicher am häufigsten zu Mehl vermahlen zum Einsatz – für Brötchen und Kuchen, eine Pizza oder Quiche und vieles mehr. Was den Hartweizen angeht, so bedient man sich am besten aus dem breiten Angebot an Vollkornteigwaren. Für Gerichte mit ganzen Weizenkörnern wird das Getreide über Nacht eingeweicht und am nächsten Tag etwa 45 Minuten gekocht. Ist die Zeit knapp, bieten sich Bulgur und Couscous an, um schnell eine gute Mahlzeit zu bereiten. Geschrotet, zu Flocken gequetscht oder auch gekeimt ist Weizen die Basis leckerer Frischkorngerichte und Müslis. Zur Abwechslung kann man statt Weizen auch einmal Kamut ausprobieren. Er lässt sich wie Weizen verwenden und sorgt für einen etwas anderen Geschmack. Menschen, die auf Weizen überempfindlich reagieren, können Kamut häufig deutlich besser vertragen.

Weizenkeim-Müsli

Pro Person:
Keime aus 2 EL Weizen
3 EL Hirseflocken
1 kleiner Apfel
1 Banane
1 EL Rosinen
Saft einer halben Zitrone
3 EL Sahne
Honig nach Geschmack

Den Weizen wie auf Seite 13 beschrieben keimen lassen. Weizenkeime und Hirseflocken miteinander mischen. Den Apfel grob
raspeln, die Banane in Scheiben schneiden und beides sowie die
Rosinen hinzufügen. Zitronensaft, Sahne und Honig verrühren
und über das Müsli geben.

Weil Weizenkeime eine ganz besonderes, mildsüßes Aroma haben,
eignen sie sich sehr gut fürs morgendliche Müsli. Honig muss
eigentlich gar nicht sein, die Keime und das Obst sorgen schon
für die richtige Süße.

Weizen-Gemüse-Aufstrich

150 g Weizen
Salz
Wasser
1 Knolle Fenchel
250 g Champignons
1 kleiner Blumenkohl
1 Zwiebel
3 EL Öl
1 EL Sesam
Kräutersalz
Pfeffer

Den Weizen mit etwas Salz über Nacht in der doppelten Menge Wasser einweichen. Am nächsten Tag 45 Minuten kochen und 15 Minuten nachquellen lassen. Fenchel, Champignons und Blumenkohl in kleine Stücke schneiden, Zwiebel fein würfeln. Das Öl in einer großen Pfanne erhitzen und Gemüse und Zwiebelwürfel unter Rühren darin andünsten. Vom Herd nehmen und abkühlen lassen. Weizenkörner und Gemüse in einen Mixer geben und zu einer glatten Creme pürieren. Sesam im Mörser zerreiben und den Aufstrich damit sowie mit Kräutersalz und Pfeffer kräftig abschmecken.

In einem Glas mit Schraubverschluss hält sich dieser Aufstrich gekühlt drei bis vier Tage. Gut schmeckt er auf jeder Art von Vollkornbrot.

Couscous-Salat

150 g Couscous
Wasser
4 Eier zum Garnieren
1 Frühlingszwiebel mit Grün
1 Knoblauchzehe
½ kleine rote Chilischote (ersatzweise Cayennepfeffer)
400 g Salatgurke
250 g Tomaten
½ Bund Petersilie
Salz
2 EL Zitronensaft
3 – 4 EL Olivenöl
2 EL Sonnenblumenkerne
frische Minze

Couscous in einem Topf ohne Fett unter ständigem Rühren zwei bis drei Minuten anrösten. Mit der doppelten Menge Wasser ablöschen und auf kleiner Flamme 10 Minuten köcheln lassen. Während das Couscous abkühlt, die Eier hart kochen, die Frühlingszwiebel fein hacken, das Grün in Ringe schneiden und den Knoblauch pressen. Die Chilischote der Länge nach halbieren, entkernen und sehr fein schneiden, Salatgurke und Tomaten in Würfel schneiden, Petersilie fein hacken. Alles zusammen in eine Schüssel geben und mit dem Couscous vermengen. Den Salat salzen und mit Zitronensaft und Olivenöl anmachen. 10 Minuten durchziehen lassen. Sonnenblumenkerne in einer Pfanne einige Minuten trocken rösten und darüber streuen. Die Eier vierteln und mit ein paar Minzeblättchen dekorativ auf dem Salat anrichten.

Birnen-Käse-Quiche

250 g Weizenvollkornmehl
1 Eigelb
1 TL Salz
1 TL Essig
125 g Butter
einige EL kaltes Wasser
100 g Gorgonzola oder Roquefort
1 Ei
100 g saure Sahne
Pfeffer
4 reife Birnen
4 EL Preiselbeermarmelade

Mehl, Eigelb, Salz, Essig und Butter verkneten. Je nach Bedarf bis zu vier Esslöffel kaltes Wasser hinzufügen, so dass ein geschmeidiger Teig entsteht. Eine Quiche- oder Springform mit dem Teig auslegen und bei 180 bis 200° C etwa 10 Minuten vorbacken. Käse, Ei und saure Sahne verrühren. Die Käsecreme mit Pfeffer würzen und auf den vorgebackenen Boden streichen. Die Birnen schälen, halbieren, entkernen und die Quiche damit belegen. Mit Preiselbeermus verzieren und bei 180 bis 200° C weitere 25 Minuten backen.

Weizentopf rot-grün

250 g Weizen
Salz
Wasser
2 Zwiebeln
2 Knoblauchzehen
2 EL Butter
2 mittelgroße Zucchini
500 ml Gemüsebrühe
5 Tomaten
1 TL Thymian
100 ml Sahne
Salz
Pfeffer
½ Bund Basilikum
½ Bund Petersilie

Den Weizen mit etwas Salz über Nacht in der doppelten Menge Wasser einweichen. Das Getreide am nächsten Tag 45 Minuten kochen und 15 Minuten nachquellen lassen. Zwiebeln und Knoblauchzehen fein hacken und in der Butter glasig dünsten. Zucchini würfeln und kurz mitdünsten. Mit der Gemüsebrühe ablöschen und 10 Minuten köcheln lassen. Die Tomaten vierteln, mit dem Thymian hinzufügen und weitere 5 Minuten köcheln lassen. Die Weizenkörner untermischen, Sahne dazugeben und mit Salz und Pfeffer kräftig abschmecken. Basilikum und Petersilie hacken und über den Weizentopf streuen.

Zwetschgennudeln

300 g Weizenvollkornmehl
30 g Hefe
Salz
125 ml lauwarmes Wasser
2 – 3 EL Honig
2 EL Öl
abgeriebene Schale einer halben, unbehandelten Zitrone
750 g Zwetschgen
etwas Wasser
Honig
Öl für die Form

Das Mehl in eine Schüssel geben und die Hefe darüber bröckeln.
Mit Salz, lauwarmem Wasser, Honig, Öl und abgeriebener Zitronenschale zu einem glatten Hefeteig verarbeiten, 5 Minuten
kneten und zugedeckt 30 Minuten gehen lassen. Die Zwetschgen entsteinen, 15 davon beiseite legen, die übrigen mit etwas
Wasser und Honig nach Geschmack im Mixer pürieren.
Den Teig in 15 Teile teilen und jeweils eine Zwetschge in ein
rundgeformtes Teigstückchen einbetten. Das Öl in einer großen,
flachen Auflaufform erwärmen, die Zwetschgennudeln hineinsetzen und nochmals 15 Minuten gehen lassen. Anschließend
bei 200° C 20 bis 25 Minuten backen. Mit dem Zwetschgen-
püree servieren.

Bulgurauflauf

250 g Bulgur
Wasser
1 große Zwiebel
1 EL Öl
100 g Bergkäse
2 Eier
je einige Blättchen Basilikum und glatte Petersilie
Butter für die Form
3 EL Sesam- oder Erdnussmus
150 ml Milch
Salz
Chilipulver

Bulgur in der Pfanne trocken rösten, mit der doppelten Menge Wasser ablöschen und auf kleiner Flamme 15 Minuten köcheln lassen. Die Zwiebel fein würfeln und in etwas Öl sautieren. Den Käse reiben, die Eier verquirlen, die Kräuter fein hacken und eine Auflaufform mit Butter ausstreichen. Bulgur, Zwiebelwürfel, Eier, Sesam- oder Erdnussmus, Milch, Salz, Chilipulver und Kräuter sorgfältig miteinander vermengen und in die Auflaufform geben. Den Käse darüber streuen und bei 180° C 20 Minuten backen.

Gut passen dazu Blatt- oder Rohkostsalate.

Afghanische Hefetaschen

500 g Weizenvollkornmehl
40 g Hefe
½ TL Salz
250 ml lauwarmes Wasser
4 EL Öl
500 g Kartoffeln
2 Stangen Lauch
1 Zwiebel
2 – 3 Knoblauchzehen
Salz
Pfeffer
Öl zum Braten

Das Mehl in eine Schüssel geben und die Hefe darüber bröckeln. Mit Salz, lauwarmem Wasser und Öl zu einem weichen, glatten Teig kneten. Einen Kloß formen und zugedeckt eine Stunde gehen lassen. Kartoffeln in der Schale kochen, pellen und durch eine Kartoffelpresse drücken. Den Lauch in feine Streifen schneiden, die Zwiebel würfeln, die Knoblauchzehen pressen und alles unter die Kartoffeln mischen. Mit Salz und Pfeffer kräftig abschmecken. Den Hefeteig dünn ausrollen und mit einem Messer Kreise von 20 Zentimetern Durchmesser (Desserttellergröße) ausschneiden. Jeweils eine Hälfte mit der Kartoffelmasse bestreichen. Mit der anderen Hälfte bedecken und die Ränder gut festdrücken. Die Teigtaschen in Öl auf beiden Seiten je 5 Minuten braten.

Erdbeer-Buttermilch-Kuchen

250 g Weizenvollkornmehl
1 TL Backpulver
3½ EL Honig
1 Prise Salz
3 Eier
100 g weiche Butter
Fett für die Form
250 ml Buttermilch
2 TL Johannisbrotkernmehl
abgeriebene Schale einer unbehandelten Zitrone
500 g Erdbeeren
3 EL Kürbiskerne

Mehl, Backpulver, eineinhalb Esslöffel Honig, Salz, ein Ei und Butter zu einem Teig verkneten und 30 Minuten im Kühlschrank ruhen lassen. Den Boden einer gefetteten Springform oder runden, flachen Auflaufform mit dem Teig auslegen. Bei 180 bis 200° C 25 Minuten vorbacken. Buttermilch, Johannisbrotkernmehl, den übrigen Honig, die Zitronenschale und die beiden verbliebenen Eier verquirlen. Die Erdbeeren auf dem vorgebackenen Teig verteilen. Mit der Eiermilch begießen und weitere 25 Minuten bei gleicher Temperatur backen. Die Kürbiskerne hacken und über den Kuchen streuen.

Nussbrötchen

500 g Weizenvollkornmehl
20 g Hefe
½ TL Salz
400 ml lauwarmes Wasser
100 g geriebene Haselnüsse
etwas Weizenvollkornmehl
30 g gehackte Haselnüsse

Das Mehl in eine Schüssel geben und die Hefe darüber bröckeln. Mit Salz und lauwarmem Wasser zu einem Teig verarbeiten, 10 Minuten kneten und 30 Minuten zugedeckt gehen lassen. Die geriebenen Haselnüsse unter den Teig mischen, gut durchkneten und noch einmal kurz gehen lassen. Brötchen formen, jeweils die Unterseite in etwas Mehl, die Oberseite in die gehackten Haselnüsse drücken und 25 Minuten bei 225° C backen.

Statt der Haselnüsse eignen sich auch Sonnenblumenkerne, Sesam oder Leinsamen für dieses Rezept. Herzhafter werden die Brötchen mit gerösteten Zwiebelwürfeln oder kleinen Lauchstückchen.

Käse-Brandteig-Muffins

150 ml Milch
80 g Butter
1 Prise Salz
125 g Weizenvollkornmehl
3 Eier
150 g mittelalter Gouda
Pfeffer
Paprika edelsüß
Butter für die Muffinförmchen

Die Milch mit Butter und Salz zum Kochen bringen. Das Mehl auf einmal hineinschütten. Unter Rühren bei mittlerer Hitze kochen lassen, bis sich ein Kloß bildet und der Topfboden von einer dünnen Schicht bedeckt ist. Den Teig in eine Rührschüssel geben und ruhen lassen, bis er nur noch lauwarm ist. Nun nach und nach die Eier unterrühren. Den Käse reiben und 100 Gramm davon sowie Pfeffer und Paprika unter den Teig arbeiten.
Eine 12er-Muffinform mit Butter fetten und den Teig gleichmäßig auf sie verteilen. Mit dem übrigen Käse bestreuen und bei 175° C etwa 20 Minuten backen. Die Käse-Muffins einige Minuten ruhen lassen und aus den Formen nehmen.

Am besten schmecken die Muffins, so lange sie noch warm sind. Statt die Förmchen einzufetten, kann man auch Papierförmchen hineinsetzen.

Süße Weizencreme mit Schuss

250 ml Milch
40 g Weizenvollkornmehl
4 EL Kakao
1 Eigelb
3 EL Honig
200 ml Sahne
1 Schuss Grand Marnier
Schokostreusel

Die Hälfte der Milch zum Kochen bringen. Mehl und Kakao mit einigen Esslöffeln kalter Milch verquirlen und in die kochende Milch rühren. Einige Minuten köcheln lassen, dabei immer wieder gut umrühren. Den Topf vom Herd nehmen. Eigelb, übrige Milch und Honig verrühren, unter die Masse mischen und abkühlen lassen. Die Sahne steif schlagen und mit dem Grand Marnier unter die Creme ziehen. Kalt stellen und vor dem Servieren mit Schokostreuseln verzieren.

Dieses gehaltvolle Dessert eignet sich – ebenso wie das folgende Tiramisu – gut als Abschluss eines festlichen Menüs.

Festliches Tiramisu

4 Eier (nur ganz frische Eier verwenden!)
1 Prise Salz
4 EL Wasser
100 g Honig
je 1 MSP Vanillepulver, Zimt, Nelken
1 TL Backpulver
175 g Weizenvollkornmehl
200 g getrocknete Feigen
Saft einer Orange
350 g Mascarpone
350 g Quark
50 – 100 g flüssiger Honig
2 – 3 EL kalter, sehr starker Getreide- oder »echter« Kaffee
2 EL Kakao
1 MSP Kardamom

Eier trennen und Eiweiß steif schlagen. Die Eigelb mit Salz, Wasser, Honig, Vanille, Zimt und Nelken zu einer dicken Creme schlagen. Backpulver unter das Mehl mischen und langsam in die Creme einarbeiten. Den Eischnee vorsichtig unterheben. Ein Backblech mit Trennpapier auslegen und die Masse darauf verteilen (die Fläche sollte doppelt so groß sein wie die später zu verwendende Auflaufform). Bei 225° C etwa 10 Minuten backen. Die Biskuitplatte anschließend sofort auf ein Geschirrtuch stürzen und das Papier abziehen.

Die Feigen klein schneiden und mit dem Orangensaft im Mixer pürieren. Mascarpone, Quark und Honig unterrühren. Die Biskuitplatte halbieren, eine Hälfte in eine Auflaufform legen und mit dem Kaffee tränken. Die Hälfte der Creme darauf verteilen, mit der zweiten Platte bedecken und die übrige Creme darüber streichen. Kakao und Kardamom mischen und das Tiramisu durch ein feines Sieb damit bestäuben. Vor dem Genießen für einige Stunden kalt stellen.

Dinkel und Grünkern

Dinkel ist die – von Zuchtmaßnahmen verschont gebliebene – Urform des Weizens und eine Kulturpflanze mit sehr langer Geschichte. Dinkelährchen wurden in mehr als 7000 Jahre alten kaukasischen Siedlungen gefunden, auch weiß man vom Dinkelanbau bei den alten Ägyptern. Bis er dem ertragreicheren Weizen weichen musste, war Dinkel auch bei uns ein weit verbreitetes Getreide. Vor allem im süddeutschen Raum gab es bedeutende Anbaugebiete, wovon Ortsnamen wie Dinkelsbühl oder Dinkelshausen bis heute zeugen.

Dinkel ist robust und wetterfest und gedeiht auch auf kargen Böden und in Höhenlagen bis 1000 Meter. Seine Ähren sind lang und schlank, seine ebensolchen Körner von fest zusammengewachsenen Spelzen umschlossen, die in speziellen Mühlen entfernt werden müssen. Dinkel ist ein kleberreiches Getreide und erstklassig zum Backen geeignet. Zu Broten und Gebäck verarbeitet, entfaltet er ein angenehmes, leicht nussiges Aroma. Der größte Teil des Dinkels kommt allerdings als **Grünkern** auf den Markt. Eine Geschichte weiß zu erzählen, wie der Grünkern entdeckt wurde: Als nach einigen verregneten Sommern die Dinkelernte ein weiteres Mal auf den Feldern zu verderben drohte, brachten die Bauern das noch unreife Korn ein und trockneten es über dem Feuer. Zu ihrer Freude erwiesen sich die »grünen Kerne« als sehr wohlschmeckend und kräftigend. An dem Prinzip hat sich nicht viel verändert, nur erfolgt das Trocknen der unreifen Dinkelkörner heute meist in modernen Großanlagen. Aber noch immer sorgt Buchenholz für den typischen rauchigen Grünkerngeschmack.

Dinkel ist sehr bekömmlich und wird auch von empfindlichen Menschen gut vertragen. Selbst für Weizenallergiker kann Dinkel eine Alternative sein. In Bezug auf seinen Nährstoffgehalt bewegt sich Dinkel, verglichen mit anderen Getreiden, im guten

Mittelfeld. Bei den Vitaminen ist das Niacin hervorzuheben, bei den Mineralstoffen das Kalium.

Dinkel und Grünkern kommen in der vegetarischen Küche ihren jeweiligen Vorzügen entsprechend zum Einsatz. Aus fein vermahlenem Dinkel entstehen Puddings und Torten, Dinkelschrot und -flocken dienen als Müslizutat. Grünkern, der durch das Darren bereits aufgeschlossen ist, lässt sich bestens als ganzes Korn verwenden. Er hat deswegen auch eine deutlich kürzere Garzeit als beispielsweise Weizen oder Reis. Seiner rauchigen Würze wegen ist er außerdem das klassische Getreide für herzhafte Bratlinge, Suppen und Brotaufstriche.

Wenn es einmal schnell gehen muss, ist **Dinkelreis** empfehlenswert. Dieser schnellkochende Dinkel wird schonend entspelzt und bei niedrigen Temperaturen gedämpft und angequetscht. Dadurch ist er bereits nach 15 Minuten Kochzeit gar und das Einweichen entfällt.

Dinkel-Frischkornmüsli

Pro Person:
40 g grober Dinkelschrot
50 ml Wasser
1 getrocknete Feige
2 Dörrpflaumen
Wasser für die Trockenfrüchte
2 EL Leinsamenschrot
4 EL Naturjoghurt

Den Dinkelschrot über Nacht in Wasser einweichen. Feige und Pflaumen ebenfalls einweichen. Am nächsten Morgen die Früchte klein schneiden und mit dem Einweichwasser zu dem Getreide geben. Zum Schluss Leinsamen und Joghurt hinzufügen und unterrühren.

Dieses Müsli bringt jede Verdauung in Schwung. Wichtig ist, reichlich dazu zu trinken, beispielsweise milde Kräutertees oder Mineralwasser mit wenig Kohlensäure. Wer das Muntermachermüsli noch süßer mag, rührt etwas Honig hinein.

Herzhafter Grünkernaufstrich

50 g grober Grünkernschrot
125 ml Wasser
50 g weiche Butter
2 EL Öl
1 Zwiebel
1 TL Butter
etwas frischer Majoran
etwas Petersilie
etwas Zitronensaft
1 MSP Senf
Muskatnuss
Pfeffer
Kräutersalz

Grünkernschrot etwa 2 Stunden in dem Wasser einweichen. Anschließend zusammen mit der Butter und dem Öl im Mixer pürieren. Zwiebel sehr fein würfeln, in wenig Butter glasig dünsten und unterrühren. Majoran und Petersilie hacken und zu dem Aufstrich geben. Mit Zitronensaft, Senf, Muskatnuss, Pfeffer und Kräutersalz abschmecken.

Gut auf kräftigem Roggenvollkornbrot.

Grünkern-Möhren-Pfanne

200 g Grünkern
500 ml Wasser
1 EL körnige Gemüsebrühe
800 g Möhren
1 Stange Lauch
Öl
100 ml Gemüsebrühe
Majoran
Rosmarin
Salz
Paprika edelsüß
1 Bund Schnittlauch

Den Grünkern über Nacht in Wasser einweichen. Am nächsten Tag die Gemüsebrühe hinzufügen und das Getreide 30 Minuten im Einweichwasser kochen. Auf der ausgeschalteten Herdplatte 15 Minuten nachquellen lassen. Möhren in schmale Stifte, Lauch in feine Ringe schneiden und beides in wenig Öl anbraten. Etwas Gemüsebrühe hinzufügen und bissfest garen. Mit Majoran, Rosmarin, Salz und Paprika abschmecken. Den Schnittlauch in Röllchen schneiden und zusammen mit dem warmen Grünkern zum Gemüse geben. Gut durchmischen und gleich servieren.

Dieses Rezept lässt sich vielfältig variieren. Wenn jeweils jahreszeitliche Gemüse verwendet werden und sich auch die Würzzutaten entsprechend ändern, eröffnen sich immer wieder neue Geschmackserlebnisse. Besonders gut harmoniert der kräftige Grünkern mit Kohl- und Wurzelgemüsen.

Grünkernbratlinge

250 g Grünkern
500 ml Wasser
1 TL körnige Gemüsebrühe
2 Zwiebeln
1 EL Butter
5 EL Weizenvollkornmehl
2 Eier
2 EL Hefeflocken
Salz
Pfeffer
getrocknetes Basilikum
getrockneter Oregano
Öl zum Braten

Grünkern über Nacht in Wasser einweichen. Am nächsten Tag Gemüsebrühe zum Einweichwasser geben und das Getreide 30 bis 40 Minuten garen. Getreide ausquellen lassen und durch den Fleischwolf drehen oder in der Küchenmaschine grob zerhacken. Die Zwiebeln fein würfeln, in der Butter glasig dünsten und zu dem Grünkernteig geben. Mehl, Eier, Hefeflocken, Salz, Pfeffer und Kräuter unterarbeiten. Mit den Gewürzen gut abschmecken. Mit feuchten Händen flache Küchlein formen und in heißem Öl bei mäßiger Hitze langsam ausbacken.

Mit weniger Fett kommt aus, wer die Bratlinge nicht in der Pfanne ausbackt, sondern auf einem geölten Backblech bei 200° C ca. 30 Minuten im Ofen gart. Sie schmecken dann zwar etwas weniger knusprig, können dafür aber auch noch mit Gemüse, z. B. Tomaten, belegt werden.

Zucchini mit Grünkernfüllung

300 g grober Grünkernschrot
500 ml Gemüsebrühe
2 Zwiebeln
2 Knoblauchzehen
2 EL Butter
2 mittelgroße Zucchini
100 g Räucherkäse
½ Bund glatte Petersilie
½ Bund Majoran
2 Eier
Rosenpaprika
Butter für die Auflaufform

Grünkernschrot in der Hälfte der Gemüsebrühe etwa eine Stunde einweichen, anschließend unter Rühren aufkochen und auf der ausgeschalteten Herdplatte ausquellen lassen. Zwiebeln und Knoblauch fein würfeln und in der Butter glasig dünsten. Die Zucchini der Länge nach halbieren und aushöhlen. Den Käse würfeln, die Kräuter hacken und zusammen mit den Eiern, den Zwiebeln und dem Knoblauch unter den Grünkern mischen. Mit Paprika abschmecken und in die Zucchini füllen. Eine Auflaufform mit Butter ausstreichen, die Zucchinihälften hineinsetzen und mit der übrigen Gemüsebrühe angießen. Bei 180 bis 200° C 40 Minuten backen.

Das ausgehöhlte Innere der Zucchini kann für eine Suppe weiterverwendet werden.

Gemüseallerlei mit Mandeln

500 g Dinkel
1 l Wasser
400 g Möhren
200 g Knollensellerie
400 g Blumenkohl
1 EL Sojasauce
1 EL Zitronensaft
3 EL Naturjoghurt
1 TL flüssiger Honig
100 g Gouda
100 g gehackte Mandeln

Dinkel über Nacht in Wasser einweichen. Am nächsten Tag im Einweichwasser zum Kochen bringen und auf kleiner Flamme etwa 30 Minuten garen. Möhren in Scheiben und Sellerie in Würfel schneiden, Blumenkohl in Röschen zerteilen. Das Gemüse nacheinander in einen großen Topf schichten, etwas Wasser hinzufügen, stark ankochen, dann auf kleinster Flamme 25 Minuten bissfest garen. Sojasauce, Zitronensaft, Joghurt und Honig verrühren, Käse reiben. Den Dinkel unter das Gemüse heben, die Joghurtsauce hinzufügen und alles gut mischen. Mit Käse und Mandeln bestreut servieren.

Brokkolitorte

Für eine große Springform:
750 g Brokkoli
Gemüsebrühe
375 ml Wasser
300 g grober Grünkernschrot
125 g Butter
6 Eier
1 Prise Salz
Fett für die Form
250 g Emmentaler
80 ml Sahne
2 TL Curry
etwas Muskat

Brokkoli in kleine Röschen zerteilen, die Stiele in Stücke schneiden und in etwas Gemüsebrühe 10 Minuten dünsten. Wasser zum Kochen bringen, Grünkernschrot einstreuen, umrühren und ohne Hitzezufuhr quellen lassen. Butter und Eier schaumig rühren, den nicht mehr ganz heißen Grünkernschrot unterarbeiten und salzen. Den Grünkernteig in eine gefettete Springform geben und bei 200° C 20 Minuten vorbacken. Währenddessen den Käse reiben und mit der Sahne und den Gewürzen mischen. Brokkoli und Käsemasse auf dem Teig verteilen und bei 150° C weitere 10 Minuten backen.

Etwas milder im Geschmack wird die Torte, wenn man statt Brokkoli Blumenkohl und statt herzhaftem Emmentaler einen jungen Gouda verwendet. Auch gibt es bei den Currymischungen große Unterschiede: Mal sorgt Curry hauptsächlich für die schöne Farbe, mal ist er höllisch scharf.

Dinkelspätzle

350 g Dinkelvollkornmehl
5 große Eier
1 Prise Salz
etwas Muskat
1 EL Öl

Mehl und Eier zu einem zähflüssigen Teig verrühren. Mit Salz und Muskat würzen. In einem großen Topf reichlich Wasser zum Kochen bringen. Den Teig portionsweise in eine Spätzlepresse füllen und ins sprudelnd kochende Wasser geben. Etwa drei Minuten garen, bis die Spätzle an der Oberfläche schwimmen. Mit einem Schaumlöffel herausnehmen, abtropfen lassen und warm stellen. Bei jeder Portion das Wasser neu zum Aufwallen bringen und nach und nach den gesamten Teig verarbeiten. Die Spätzle mit etwas Öl mischen und in einer Schüssel anrichten.

Mit geriebenem Käse überbacken oder zusammen mit einer Tomatensauce schmecken die Dinkelspätzle vorzüglich, auch Kinder lassen sich damit fast immer begeistern. Geschmacklich variieren kann man die Spätzle, indem man 50 g des Dinkelmehls durch Grünkernmehl ersetzt.

Grünkernmuffins

125 ml Wasser
125 g Grünkernmehl
20 g Hefe
125 ml lauwarme Milch
125 g Dinkelvollkornmehl
3 EL Öl
1 TL Salz
Butter für die Muffinformen
1 EL grobe Haferflocken

Wasser zum Kochen bringen, Grünkernmehl einstreuen, verrühren und 15 Minuten ohne Hitzezufuhr quellen lassen. Ist der Grünkern nur noch lauwarm, die Hefe in der Milch auflösen und zusammen mit dem Mehl, dem Öl und dem Salz unterarbeiten. 30 Minuten gehen lassen. Die Muffinformen einfetten, aus dem Teig zwölf Kugeln bereiten und diese in die Formen setzen. Mit etwas Wasser einpinseln und die Haferflocken darauf verteilen. Nochmals 10 Minuten gehen lassen. Die Muffins bei 170° C etwa 20 Minuten backen. Etwas abkühlen lassen und aus den Formen nehmen.

Für Grünkern-Fans: Vorzüglich passt zu den Muffins übrigens der Grünkern-Aufstrich von Seite 36.

Apfeltorte mit Nüssen

Teig:
6 Eier
225 g weiche Butter
125 g Honig
Saft und abgeriebene Schale einer unbehandelten Zitrone
275 g Dinkelvollkornmehl
Fett für die Form

Belag:
4 – 5 Äpfel
50 g Butter
75 g Honig
50 g gehackte Haselnüsse

Die Eier trennen, Eiweiß zu sehr steifem Schnee schlagen. Butter mit Honig und Eigelb zu einer cremigen Masse rühren. Zitronensaft und -schale sowie das Mehl hinzufügen und unterrühren. Den Eischnee vorsichtig unterheben. Die Masse in eine gefettete Springform füllen.
Die Äpfel schälen, achteln und darauf verteilen.
Butter und Honig erhitzen, die Haselnüsse dazugeben und die Nussmasse über den Äpfeln verteilen. Den Apfelkuchen bei 200° C etwa 30 Minuten backen.

Mohnkuchen

Teig:
200 g Dinkelvollkornmehl
20 g Hefe
50 g weiche Butter
1 EL Honig
100 ml lauwarme Milch
1 Prise Salz

Belag:
150 g gemahlener Mohn
60 g Grünkernmehl
250 ml Wasser
2 EL Honig
4 EL Rosinen
100 ml Sahne
½ TL Zimt
1 Prise gemahlene Nelken
Fett für die Form

Mehl in eine Schüssel geben, die Hefe darüber bröckeln und mit Butter, Honig, Milch und Salz zu einem glatten Teig verkneten. Mit einem Tuch bedeckt 30 Minuten gehen lassen. Für den Belag Mohn und Grünkern im Wasser aufkochen, vom Herd nehmen und ausquellen lassen. Ist die Masse etwas abgekühlt, Honig, Rosinen, Sahne und Gewürze darunter mischen. Den Hefeteig in eine gefettete Springform geben, an den Rändern etwas hochziehen und bei 200° C 15 Minuten vorbacken. Anschließend mit der Mohnmasse bestreichen und weitere 30 Minuten fertig backen.

Kaiserschmarrn

4 Eier
100 g Butter
3 EL Honig
200 g Dinkelvollkornmehl
200 ml Milch
1 Prise Salz
Fett für die Form
50 g Rosinen

Die Eier trennen, Eiweiß zu sehr steifem Schnee schlagen. Die Eigelb mit Butter und Honig schaumig rühren, nach und nach Mehl und Milch hinzufügen und zu einem Teig verarbeiten. Diesen leicht salzen und den Eischnee vorsichtig unterheben. Den Teig etwa drei Zentimeter hoch in eine gefettete Auflaufform füllen, mit Rosinen bestreuen und bei 180° C 15 bis 20 Minuten backen. Den fertigen Schmarrn mit zwei Gabeln zerpflücken, damit er ausdampfen kann. Sofort servieren.

Traditionelle Beilagen dieser österreichischen National-Mehlspeise sind Apfel-, Preiselbeer- oder Zwetschgenkompott.

Pfannkuchen-Mandel-Rolle

Teig:
125 g Dinkelvollkornmehl
1 Prise Anis, gemahlen
125 ml Wasser
1 Ei
1 Prise Salz
ungehärtetes Kokosfett zum Backen

Füllung:
30 g Butter
150 g fein geraspelte Mandeln
1 EL Honig
125 ml Sahne

Für die Pfannkuchen Mehl, Anis, Wasser, Ei und Salz zu einem flüssigen Teig verarbeiten und 30 Minuten quellen lassen. Währenddessen für die Pfannkuchenfüllung Butter zerlassen, Mandeln hinzufügen und unter Rühren kurz anbraten. Mit dem Honig süßen. Die Sahne dazugeben, die Masse kurz aufkochen lassen und vom Herd nehmen.
In heißem Kokosfett vier Pfannkuchen backen. Die Füllung auf den Pfannkuchen verteilen und diese zusammenrollen.

Eine schöne Servieridee: Jeden Pfannkuchen in vier Schnecken zerschneiden und diese jeweils aufrecht auf einem Dessertteller anrichten. Wunderbar schmeckt zu den Mandel-Rollen ein Obstsalat.

Reis

Angesichts seiner großen Verbreitung und der Bedeutung für die Ernährung weiter Teile der Weltbevölkerung, ist **Reis** sicherlich das wichtigste Getreide. Fast der Hälfte der Menschheit dient er als Grundnahrungsmittel. Weltweit sind rund 8000 verschiedene Sorten dieses Getreides bekannt, das am besten in tropischen und subtropischen Klimazonen gedeiht, aber auch in Norditalien, Südfrankreich und Spanien angebaut wird. Um das »Getreide der Weisen« ranken sich viele Mythen und Legenden, auch hatte es immer kultische Bedeutung. Seinen Ursprung hat der Reis vermutlich im alten China, wo man ihn schon vor 7000 Jahren kultivierte. Von dort verbreiteten Krieger und Kaufleute das silbrige Korn im Lauf der Jahrhunderte über Indien und Persien bis Nordafrika und Europa, von wo aus es in die Neue Welt gelangte. Heute ist Reis auf allen fünf Kontinenten heimisch.

Zwar gibt es auch Reisarten, denen die Feuchtigkeit aus der Luft zum Wachsen genügt (so genannter Berg- oder Trockenreis), zum weitaus überwiegenden Teil braucht Reis jedoch außer Wärme vor allem eines: viel, viel Wasser. Die Felder sind während der gesamten Reifezeit geflutet.

Aus dem Samen entwickelt sich ein langer schlanker Halm mit einer Rispe als Blütenstand. Wie Weizen und Roggen ist Reis ein Spelzgetreide. Als **Naturreis** bezeichnet man jenen Reis, bei dem lediglich die Spelzen mechanisch entfernt wurden. Sowohl das Silberhäutchen, welches das Reiskorn umgibt, als auch der Keimling bleiben erhalten. Durch das übliche Verfahren, Reis nach dem Schälen zu schleifen und zu polieren, bekommt der Reis – auf Kosten seiner wertvollen Inhalts- und Ballaststoffe – eine weiße Farbe und ist dann nahezu unbegrenzt haltbar.

Weißer Reis besteht fast nur noch aus Eiweiß und Stärke. Naturreis dagegen enthält neben dem qualitativ hochwertigen Eiweiß viel Vitamin B_1 (das für Muskeln und Nerven wichtig ist),

Vitamin B₂, Niacin, Vitamin E und Mineralstoffe wie Kalium, Calcium, Phosphor, Magnesium und Eisen. Reiseiweiß ist glutenfrei.

Menschen, die von Zöliakie bzw. Sprue betroffen sind, vertragen es deshalb gut.

Neben Nudeln und Kartoffeln ist Reis in unseren Küchen die gängigste Beilage – meist zu einem Hauptgericht mit Fleisch. Dass auch in diesem Getreide mehr steckt und es in der vegetarischen Ernährung sehr gut eine Hauptrolle übernehmen kann, hat sich noch viel zu wenig herumgesprochen. Suppen und Salate, Aufläufe, Gemüsepfannen, Bratlinge und süße Cremes – außer Backwerk lässt sich so ziemlich alles auf der Grundlage von schmackhaftem Naturreis zubereiten. Die Auswahl an Reissorten ist groß und richtet sich danach, was man kochen möchte. **Rundkornreis** ist wunderbar für Risottos und Süßes, **Langkornreis** ist die Sorte der Wahl für herzhafte Gerichte, **Roter Reis** setzt farbige Akzente und duftender **Basmati** bietet sich für allerlei Exotisches an.

Und die längere Kochzeit ist mit der richtigen Planung auch kein Problem. Für die Nährstoffe am schonendsten ist die Quellreismethode: Der Reis wird in gut der doppelten Wassermenge aufgesetzt, kurz aufgekocht und kann dann bei geringer Hitzezufuhr etwa vierzig Minuten garen, bis er weich ist und das Wasser vollkommen aufgenommen hat.

Bananencremesuppe

2 Schalotten
2 Bananen
1 – 2 EL Butter
1 l heiße Gemüsebrühe
Salz
1 TL Zitronensaft
100 g gekochter Naturreis (Langkorn oder Basmati)
125 ml Sahne
frische Minze

Schalotten fein würfeln, Bananen in Scheiben schneiden. Die Butter zerlassen und beides darin anschwitzen. Anschließend mit dem Pürierstab pürieren. Die Gemüsebrühe angießen, mit Salz und Zitronensaft abschmecken und aufkochen. Den Reis hinzufügen, die Sahne einrühren und die Suppe einige Minuten ziehen lassen, bis der Reis heiß ist. Mit Minzeblättchen garniert servieren.

Im Unterschied zu Reissalaten ist gekochter Reis vom Vortag für Suppen genau das Richtige. Sie werden damit wunderbar cremig-sämig.

Salat mit Champignons und Zuckerschoten

200 g Naturreis (Langkorn)
500 ml Wasser
Salz
150 g Zuckerschoten
150 g Champignons

Dressing:
1 Bund Schnittlauch
2 EL Balsamico-Essig
4 EL Sonnenblumenöl
3 EL Naturjoghurt
3 EL Crème fraîche
weißer Pfeffer
Salz

Den Reis in dem Wasser aufsetzen, salzen, 40 Minuten bei mäßiger Hitze garen und abkühlen lassen. Die Zuckerschoten drei bis vier Minuten blanchieren oder in einem Dämpfeinsatz dämpfen. Die Champignons in dünne Scheiben schneiden. Beides in eine Schüssel geben und mit dem Reis mischen.
Den Schnittlauch in feine Röllchen schneiden. Aus Essig, Öl, Joghurt, Crème fraîche, Pfeffer und Salz ein Dressing rühren, Schnittlauchröllchen hinzufügen und unter den Salat heben. Vor dem Servieren 30 Minuten ziehen lassen.

Für Reissalate sollte der Reis immer frisch gekocht werden, die Körner haben dann den richtigen Biss. Langkornreis eignet sich am besten dafür.

Mangosalat

200 g Naturreis (Langkorn)
500 ml Wasser
Salz
2 Mangos
2 Bananen
4 EL Orangensaft
3 EL Limettensaft
50 ml Sahne
4 EL Walnussöl
Pfeffer
Muskat
2 EL gehackte Macadamianüsse (oder Cashewkerne)

Den Reis in dem Wasser aufsetzen, salzen, 40 Minuten bei mäßiger Hitze garen und abkühlen lassen. Die Mangos schälen und spaltenweise vom Kern lösen, die Bananen in Scheiben schneiden. Das Obst unter den Reis mischen. Orangen- und Limettensaft sowie die Sahne ebenfalls unterrühren. Das Öl hinzufügen und den Salat mit Pfeffer und Muskat abschmecken. Vor dem Servieren mit den Nüssen beziehungsweise den Cashewkernen bestreuen.

Dieser Reissalat präsentiert sich exotisch. Wichtig ist, dass die Mangos reif und weich sind und ihr volles Aroma entfalten.

Räuchertofusalat

200 g Naturreis (Langkorn)
500 ml Wasser
Salz
125 g Räuchertofu
1 rote Paprika
1 Avocado
1 TL Zitronensaft
75 g Mungbohnensprossen

Vinaigrette:
2 EL Weißweinessig
1 TL scharfer Senf
weißer Pfeffer
Salz
5 EL Olivenöl

Den Reis in dem Wasser aufsetzen, salzen, 40 Minuten bei mäßiger Hitze garen und abkühlen lassen. Den Tofu würfeln, die Paprika in kleine Stücke schneiden. Die Avocado schälen und ebenfalls in Würfel schneiden, mit Zitronensaft beträufeln, damit sie nicht braun werden. Die Sprossen 2 Minuten blanchieren. Tofu, Paprika, Avocado und Sprossen vorsichtig unter den Reis heben. Essig, Senf, Pfeffer und Salz in einem Schälchen verrühren. Unter ständigem Schlagen das Olivenöl in einem dünnen Strahl dazugeben. Die Vinaigrette rühren, bis sie sämig ist und unter den Reis ziehen.

Wirsing-Sahne-Risotto

1 EL Butter
1 Zwiebel
250 g Naturreis (Rundkorn)
650 ml heiße Gemüsebrühe
400 g Wirsing
200 g Champignons
40 g Parmesan
125 ml Sahne
Salz
Pfeffer
Muskat
½ Bund Schnittlauch

Butter in einer großen Pfanne zerlassen, Zwiebel grob würfeln und darin glasig dünsten. Den Reis hinzufügen und unter Rühren einige Minuten mitdünsten. Mit der Hälfte der Gemüsebrühe ablöschen. Sobald der Reis die Brühe vollständig aufgenommen hat, nach und nach den Rest angießen. Den Reis auf kleiner Flamme etwa 40 Minuten garen. Währenddessen die Wirsingblätter in ein Zentimeter breite Streifen schneiden und in einem Dämpfeinsatz dämpfen. Die Champignons in Scheiben schneiden, den Parmesan reiben. In einer zweiten Pfanne Butter zerlassen und die Pilze darin 3 Minuten dünsten. Die Sahne in den Reis rühren, Wirsing und Pilze unterheben, mit Salz, Pfeffer und Muskat abschmecken. Köcheln lassen, bis die Sahne eingekocht ist. Parmesan unterrühren und mit Schnittlauchröllchen garniert sofort servieren.

Griechische Feta-Bratlinge

125 g Naturreis (Rundkorn)
250 ml Wasser
½ kleine Lauchstange
2 EL Olivenöl
150 g Feta
½ Bund Petersilie
4 EL Vollkornsemmelbrösel
½ TL Oregano
Salz
Pfeffer
Muskat
Olivenöl zum Ausbacken

Den Reis in der doppelten Menge Wasser aufsetzen und 45 Minuten garen, bis er schön weich ist. Den Lauch in feine Ringe schneiden und in heißem Olivenöl kurz sautieren. Reis und Lauch in eine Schüssel geben, Feta darüber bröckeln, Petersilie fein hacken und hinzufügen. Mit Semmelbröseln, Oregano, Salz, Pfeffer und Muskat verkneten. Hände anfeuchten und acht Bratlinge formen. In heißem Olivenöl bei mäßiger Hitze langsam von beiden Seiten goldbraun ausbacken.

Griechischer Fetakäse besteht zu 70 Prozent aus Schafs- und zu 30 Prozent aus Ziegenmilch, was ihm seinen typischen würzig-säuerlichen Geschmack verleiht. »Feta« aus dem Supermarkt ist fast immer aus Kuhmilch hergestellt. Er schmeckt milder und ist um einiges billiger als das Original.

Walnussreis

200 g Naturreis (Langkorn)
500 ml Gemüsebrühe
Saft einer kleinen Zitrone
Salz
4 EL Walnüsse
½ Bund Petersilie
4 Knoblauchzehen
4 EL Olivenöl
Salz
schwarzer Pfeffer

Den Reis in der Gemüsebrühe aufsetzen, Zitronensaft und Salz hinzufügen und 45 bis 50 Minuten garen, bis der Reis schön weich und alle Flüssigkeit eingekocht ist. Währenddessen Walnüsse, Petersilie und Knoblauch fein hacken, in einen Mörser geben und zu einer Paste zerreiben. Das Öl in einem dünnen Strahl unter ständigem Rühren einarbeiten, mit Salz und Pfeffer abschmecken. Den Reis in eine Schüssel füllen und die Walnussmischung unterarbeiten.

Dieser spanisch inspirierte Walnussreis lässt sich geschmacklich variieren, indem man zu der Walnussmischung noch etwas fein geriebenen Hartkäse gibt.

Lauch-Reis-Topf

200 g Naturreis (Langkorn)
500 ml Wasser
Salz
1 kg Lauch
200 g Möhren
300 g Tomaten
4 EL Öl
1 EL Hefeflocken
1 EL körnige Gemüsebrühe
Salz
Pfeffer
Majoran
Saft einer Zitrone
3 EL Olivenöl
einige Blättchen Basilikum

Den Reis 30 Minuten im Wasser einweichen, anschließend 20 Minuten köcheln lassen. Die Lauchstangen halbieren, in zwei bis drei Zentimeter lange Stücke schneiden, die Möhren dünn scheibeln, die Tomaten häuten und würfeln. Den Lauch in heißem Olivenöl kurz sautieren, Möhren und Tomaten hinzufügen, mit Hefeflocken, Gemüsebrühe, Salz, Pfeffer und Majoran würzen. Den vorgekochten Reis darauf verteilen und alles bei mäßiger Hitze ohne zu rühren 30 Minuten garen (eventuell noch etwas heißes Wasser von der Seite angießen). Zitronensaft und Öl verschlagen, untermischen und mit klein gehacktem Basilikum bestreut servieren.

Probieren Sie den Lauch-Reis-Topf auch einmal mit Rotem Reis.

Chili con Arroz

200 g Kidneybohnen
Wasser
Salz
1 große Zwiebel
2 Knoblauchzehen
1 rote Paprika
2 EL Olivenöl
1 Glas geschälte Tomaten (mit Saft etwa 800 ml)
Chilipulver
1 TL Oregano
250 g gekochter Roter Reis vom Vortag
etwa 125 ml Gemüsebrühe (nach Bedarf)

Die Bohnen über Nacht einweichen. Am nächsten Tag das Wasser abgießen und die Bohnen waschen. In der dreifachen Menge Wasser bei mäßiger Hitze etwa eine Stunde garen. Das Salz erst gegen Ende der Garzeit hinzufügen, überschüssiges Kochwasser abgießen. Die Zwiebel würfeln, die Knoblauchzehen fein hacken, die Paprika ebenfalls würfeln. Zwiebeln und Knoblauch in heißem Öl sautieren. Bohnen, Paprika, Tomaten (mit Saft) hinzufügen und mit Chili und Oregano würzen. Ohne Topfdeckel 15 Minuten köcheln lassen, dabei gelegentlich umrühren. Den gekochten Reis untermischen und weitere 5 Minuten köcheln lassen. Eventuell noch etwas Gemüsebrühe angießen.

Achtung: Chilipulver ist sehr scharf. Für europäische Geschmacksnerven sind zwei Messerspitzen davon meist genug. Sie dürfen die Dosis natürlich gern erhöhen.

Gratiniertes Gemüseallerlei

200 g Naturreis (Rundkorn)
500 ml Gemüsebrühe
200 g frische Erbsen
Wasser
Salz
150 g Möhren
1 kleine Kohlrabi
2 EL Butter
3 – 4 EL Wasser
Pfeffer
Fett für die Auflaufform
75 g Parmesan
2 EL Vollkornsemmelbrösel
½ Bund Rucola

Den Reis in der Gemüsebrühe aufsetzen und 40 Minuten bei mäßiger Hitze garen und abkühlen lassen. Die Erbsen in kochendem Salzwasser 6 bis 8 Minuten vorgaren. Möhren und Kohlrabi würfeln und in der Hälfte der Butter anschwitzen. Mit etwas Wasser ablöschen und 8 Minuten dünsten, bis das Wasser verdampft ist. Erbsen, Möhren und Kohlrabi unter den Reis mischen. Mit Salz und Pfeffer würzen und in eine gefettete Auflaufform füllen. Parmesan reiben und zusammen mit den Semmelbröseln über der Gemüse-Reis-Mischung verteilen. Bei 200° C gratinieren, bis sich eine schöne Kruste gebildet hat. Den Rucola in dünne Streifen schneiden. Den Auflauf vor dem Servieren damit garnieren.

Spinatreis

250 g Naturreis (Langkorn)
600 ml Wasser
Salz
1 kg Spinat
1 Zwiebel
2 EL Olivenöl
Fett für die Form
Pfeffer
Saft einer halben Limette
250 g Feta
½ TL Paprika edelsüß

Den Reis im Wasser aufsetzen, salzen und 40 Minuten bei mäßiger Hitze garen. Den Spinat putzen und gut waschen. Die Zwiebel fein würfeln und in heißem Öl glasig dünsten (einen sehr großen Topf nehmen). Den abgetropften Spinat dazugeben und zugedeckt 4 bis 5 Minuten auf kleiner Flamme garen, bis er zusammenfällt. Den Reis in eine gefettete, flache Auflaufform füllen und den Spinat unterheben. Mit Pfeffer, Salz und Limettensaft abschmecken. Feta darüber bröckeln und mit Paprika bestäuben. Bei 200° C 20 Minuten überbacken.

Gelber Reis nach Sultanart

250 g Naturreis (Basmati)
Wasser zum Einweichen
2 Schalotten
2 EL Butter
1 TL Kurkuma
1 TL Kreuzkümmel, gemahlen
1 TL Kardamom, gemahlen
schwarzer Pfeffer
500 ml Wasser zum Kochen
Salz
75 g getrocknete Datteln
75 g getrocknete Feigen
2 EL Sultaninen
2 EL gehackte Pistazienkerne

Den Reis 30 Minuten in kaltem Wasser einweichen. Schalotten fein hacken und in der zerlassenen Butter anschwitzen. Kurkuma, Kreuzkümmel, Kardamom und Pfeffer dazugeben und kurz mitbraten. Den abgetropften Reis unterrühren und mit dem Wasser ablöschen. Salzen und zugedeckt auf kleiner Flamme 30 Minuten garen, bis die Flüssigkeit fast verdampft ist. Datteln und Feigen klein schneiden und zusammen mit den Sultaninen kurz vor Ende der Garzeit unter den Reis mischen. Vor dem Servieren mit den Pistazienkernen bestreuen.

Johannisbeerauflauf

500 ml Milch
Salz
150 g Naturreis (Rundkorn)
2 Eier
½ Päckchen Vanillepuddingpulver
5 EL Honig
6 EL Milch
1 EL Rum
abgeriebene Schale einer unbehandelten Zitrone
375 g rote Johannisbeeren
Fett für die Auflaufform

Die Milch mit einer Prise Salz zum Kochen bringen. Reis hineingeben, etwa 45 Minuten leise köcheln und anschließend auf der ausgeschalteten Herdplatte nachquellen lassen. Die Eier trennen, Eiweiß zu sehr steifem Schnee schlagen. Das Puddingpulver mit den Eigelb, dem Honig und der Milch verrühren und alles unter den Reis mischen. Rum, Zitronenschale und Johannisbeeren unterheben. Den Eischnee vorsichtig unter die Reismasse ziehen. In eine gefettete Auflaufform füllen und bei 180 bis 200° C etwa 45 Minuten backen.

Dieses leckere Sommergericht schmeckt noch einmal so gut, wenn es auf dem Balkon, der Terrasse oder im Garten serviert wird.

Sahne-Reisnocken

200 g gemahlener Naturreis
800 ml Apfelsaft
Salz
Vanillepulver
1 – 2 EL flüssiger Honig
125 ml Sahne
500 g Beerenobst

Das Reismehl in einem Topf mit einer Tasse Apfelsaft anrühren, den Rest des Saftes hinzufügen und unter ständigem Rühren zum Kochen bringen. Mit Salz und Vanille abschmecken. Etwas abkühlen lassen und den Honig einrühren. Ist die Creme vollständig ausgekühlt, die Sahne steif schlagen und unterheben. Zugedeckt zwei Stunden in den Kühlschrank stellen. Zwei Esslöffel mit kaltem Wasser abspülen und Nocken von der Reiscreme abstechen. Mit frischem Beerenobst servieren.

Wenn Sie das Beerenobst fein pürieren und die Reisnocken in der Fruchtsauce servieren, sieht das Dessert besonders appetitlich aus. Frische Minzeblätter sind zusätzliche Farbtupfer.

Sambareis mit Kirschen

500 g Sauerkirschen
500 ml Milch
Salz
4 EL Samba (Haselnuss-Schoko-Aufstrich)
150 g Naturreis (Rundkorn)
4 Eier
2 EL Vollrohrzucker
2 EL Honig
4 EL gemahlene Haselnüsse
Fett für die Auflaufform

Die Sauerkirschen entsteinen und beiseite stellen. Die Milch mit einer Prise Salz zum Kochen bringen, Samba hineinrühren und schmelzen lassen. Reis hineingeben, etwa 45 Minuten leise köcheln und anschließend auf der ausgeschalteten Herdplatte nachquellen lassen. Die Eier trennen, Eiweiß mit Zucker zu sehr steifem Schnee schlagen. Eigelb und Honig schaumig rühren, Haselnüsse einstreuen und die Schaummasse unter den Reis mischen. Die Hälfte des Eischnees und die Kirschen unterziehen und die Masse in eine gefettete Auflaufform füllen. Bei 180 bis 200° C etwa 30 Minuten backen. Den übrigen Eischnee auf dem Auflauf verteilen und weitere 10 Minuten backen, bis die Oberfläche leicht gebräunt ist.

Roggen

In Mitteleuropa wird **Roggen**, der zur Gattung der Süßgräser zählt und dessen ursprüngliche Heimat Kleinasien ist, seit etwa 700 v. Chr. kultiviert. Damit gilt er als vergleichsweise junges Getreide. An den Boden stellt Roggen keine besonderen Ansprüche, auch gedeiht er in rauen und hohen Lagen. Seine langen dünnen Halme bilden eine vierkantige Ähre mit harten Grannen aus. Sind die Körner reif, lösen sie sich leicht aus den Spelzen. Wenngleich der Anbau seit Jahren rückläufig ist, hat Roggen als klassisches Brotgetreide noch immer eine große Bedeutung. Anders als bei Weizen braucht man bei Roggen Sauerteig oder Backferment, um gute Backergebnisse zu erzielen, weil stark quellende Ballaststoffe die Teiglockerung erschweren.

Das lange grünliche, würzig schmeckende Roggenkorn enthält zwar weniger Eiweiß als anderes Getreide, dafür ist dieses durch den hohen Gehalt an Lysin jedoch von besonderer biologischer Wertigkeit. Im Hinblick auf Vitamine und Mineralstoffe sind die Unterschiede zu den übrigen Getreidesorten eher gering. Roggen ist ein guter Calcium- und Eisenlieferant, außerdem enthält er viel für die Zahngesundheit wichtiges Fluor. Mit bestimmten Stärkearten hat es zu tun, dass Roggen besondere Anforderungen an den Verdauungsapparat stellt. Ist der Körper Roggen nicht gewohnt, kann er mit Blähungen reagieren. Roggenbrot wird bekömmlicher, wenn es etwas abgelagert ist.

Dass sich die Verwendbarkeit von Roggen keineswegs im Brotbacken erschöpft, zeigen unsere Rezepte. Geschrotet ist Roggen die Grundlage für herzhafte Bratlinge und Küchlein oder sorgt in Suppen für die gewünschte Sämigkeit. Für Energie spendende Frischkorngerichte ist er in geschroteter Form ebenso gut geeignet wie in Flockenform. Mischt man Roggenmehl mit anderen Mehlsorten, lässt er sich auch ohne Sauerteig oder Backferment verbacken. Außerdem ist ja gar nicht immer erwünscht, dass

Teig beim Backen aufgeht – wie knusprige Fladen aus Roggen beweisen. Sollen die ganzen Körner verwendet werden, weicht man diese über Nacht in der zweieinhalbfachen Menge Wasser ein, kocht sie am nächsten Tag eine Stunde und lässt sie noch 30 Minuten ausquellen. Weil Roggen beim Keimen einen angenehme Süße entwickelt, bereichern auch frische Roggensprossen die gute vegetarische Küche.

Süßes Frischkorngericht

Pro Person:
50 g grober Roggenschrot
Wasser
1 Banane
1 Apfel
etwas Obst der Jahreszeit
1 – 2 EL Apfel- oder anderer Obstsaft

Den Roggen über Nacht in Wasser einweichen. Die Banane mit der Gabel zerdrücken, den Apfel fein reiben. Etwas Obst der Jahreszeit, z. B. Erdbeeren oder Weintrauben, klein schneiden. Alles miteinander vermischen und mit Apfel- oder anderem Saft verfeinern.

Für Frischkorngerichte sollte das Getreide immer grob geschrotet sein, wird es zu fein gemahlen, kann der Mehlgeschmack den Genuss beeinträchtigen.

Frischkorngerichte sind ein Thema mit Variationen. Sie lassen sich süß und herzhaft zubereiten, man kann immer wieder andere Getreidesorten verwenden und auch bei den übrigen Zutaten nach Lust und Laune variieren: Sahne statt Obstsaft, getrocknete statt frische Früchte, Getreideflocken statt -schrot.

Würzige Roggensuppe

2 kleine Zwiebeln
1 EL Butter
6 EL grober Roggenschrot
½ TL ganzer Koriander
½ TL Kümmel
1 l Gemüsebrühe
Kräutersalz
Pfeffer
2 EL Crème fraîche
1 Bund Petersilie

Die Zwiebeln fein würfeln und in der Butter glasig dünsten. Roggen, Koriander und Kümmel hinzufügen und unter Rühren kurz mitrösten. Gemüsebrühe aufgießen und auf kleiner Flamme 35 Minuten köcheln lassen. Mit Kräutersalz und Pfeffer abschmecken und die Crème fraîche unterziehen. Die Petersilie fein hacken und über die Suppe streuen.

Eine herrliche Suppe, die Leib und Seele erwärmt.

Kerniger Herbsteintopf

250 g Roggen
625 ml Wasser
750 g Gemüse
  (Knollensellerie, Lauch, Weißkohl, Möhren, Kartoffeln)
etwas Öl
1 l Gemüsebrühe
1 TL Majoran
1 TL Rosmarin
1 Bund glatte Petersilie

Den Roggen über Nacht im Wasser einweichen. Das Getreide am nächsten Tag im Einweichwasser eine Stunde kochen und 30 Minuten nachquellen lassen. Gemüse klein schneiden, in Öl einige Minuten sautieren und mit der Gemüsebrühe ablöschen. Roggen sowie Majoran und Rosmarin hinzufügen und den Eintopf 20 Minuten ziehen lassen. Die Petersilie hacken und vor dem Servieren über das Gericht streuen.

Wer mag, kann noch etwas Brot in kleine Würfel schneiden, sie in Öl braten und dazu reichen.

Schneller geht das Ganze, wenn man das Getreide nicht extra einweichen und kochen muss, sondern auf einen Rest vom Vortag zurückgreifen kann.

Schnelle Brotsuppe

1 l Gemüsebrühe
4 Scheiben Roggenvollkornbrot
1 Zwiebel
1 EL Butter
etwas Kümmel
Salz
Pfeffer
½ TL Hefepaste
3 EL Sahne

Gemüsebrühe zum Kochen bringen, Brot hineinbröckeln und kurz aufkochen lassen. Zwiebel fein würfeln, in der Butter glasig dünsten und in die Suppe geben. Mit Kümmel, Salz, Pfeffer und Hefepaste abschmecken. Sahne unterziehen und servieren.

Durch das Brot wird die Suppe gehaltvoll, und man hat auch etwas zu beißen. Mit altbackenem Brot schmeckt die Suppe übrigens genauso gut. Wenn Sie also nicht wissen, wohin mit ihrem übrig gebliebenen Brot: Kochen Sie die schnelle Brotsuppe.

Schwäbische Roggenbratlinge

300 ml Gemüsebrühe
2 Lorbeerblätter
etwas Majoran
150 g mittelgrober Roggenschrot
2 Eier
Salz
Pfeffer
½ Bund Petersilie
50 g gemahlene Haselnüsse
Öl zum Braten
1 Apfel
Butter
30 g Hartkäse nach Wahl

Gemüsebrühe mit Lorbeerblättern und Majoran aufkochen und Roggenschrot einrühren. 5 Minuten köcheln, vom Herd nehmen und einige Minuten quellen lassen. Wenn die Masse leicht abgekühlt ist, Lorbeerblätter herausnehmen und Eier, Salz und Pfeffer unterarbeiten. Die Petersilie hacken und ebenfalls unter die Masse mischen. Mit nassen Händen etwa einen Zentimeter dicke Küchle formen, in den Haselnüssen wälzen und in heißem Öl von beiden Seiten einige Minuten braten. Den Apfel mit einem Ausstecher vom Kerngehäuse befreien und in Scheiben schneiden. Diese kurz in Butter anbraten und auf den Bratlingen verteilen. Käse reiben, über die Apfelscheiben streuen und bei 200° C 2 bis 3 Minuten im Ofen überbacken.

Wenn die Zeit nicht reicht, um die Bratlinge auf diese Weise zuzubereiten: Auf den Apfel und das Überbacken verzichten und/ oder Käse sowie Haselnüsse gleich in die Küchlemasse geben.

Kartoffelküchlein

50 g weiche Butter
180 g Roggenvollkornmehl
500 g gekochte Kartoffeln vom Vortag
20 g Hefe
200 ml lauwarme Milch
2 EL Honig
Anis, gemahlen
Muskatblüte, gemahlen
Zimt
Öl zum Ausbacken

Die Butter schaumig rühren und das Mehl unterarbeiten. Kartoffeln fein reiben, Hefe in der Milch auflösen und alles zusammen – mit dem Honig und den Gewürzen – zu einem glatten Teig verrühren. Diesen zugedeckt an einem warmen Ort 15 Minuten ruhen lassen. Anschließend aus dem Teig flache Küchlein formen und in heißem Öl bei mäßiger Hitze von beiden Seiten langsam ausbacken.

Die Beilage zu den Kartoffelküchlein sollte herb-süß ausfallen. Sehr zu empfehlen sind nicht zu süße Marmeladen aus Hagebutten oder Sanddorn.

Frühlingsmuffins

100 g Roggenvollkornmehl
150 g Weizenvollkornmehl
1 Päckchen Backpulver
1 Strauß Wildkräuter (das erste frische Grün von Löwenzahn,
* Brennnesseln, Sauerampfer, Bärlauch)*
250 g Magerquark
1 TL Salz
2 EL Öl
1 EL Naturjoghurt
1 Ei
Fett für die Muffinformen

zum Bestreichen:
1 Eigelb
1 EL Milch

Mehl und Backpulver mischen, Wildkräuter fein hacken (etwa eine Tasse voll), Quark in einem Sieb abtropfen lassen. Mehlmischung, Wildkräuter, Quark, Salz, Öl, Joghurt und Ei miteinander mischen und gut durchkneten. Aus dem Teig zwölf Kugeln formen, in die gefetteten Muffinformen setzen und mit einem Messer kreuzweise einschneiden. Eigelb und Milch verquirlen und die Muffins damit bestreichen. Bei 170° C 15 bis 20 Minuten backen. Die Muffins etwas abkühlen lassen und aus den Formen nehmen.

Die Frühlingsmuffins eignen sich bestens für den Osterbrunch. Für diesen Zweck kann man sie statt in Muffinformen in kleinen, unglasierten Tontöpfchen backen, die mit Pergamentpapier ausgeschlagen sind. So werden die Muffins auch zu einem netten Mitbringsel.

Ägyptische Zwiebelpitta

25 g Hefe
400 g Roggenvollkornmehl
250 ml lauwarmes Wasser
3 EL Öl
2 TL Salz
Fett für das Backblech
80 g Zwiebeln
grobes Salz

Hefe über das Mehl bröckeln und mit Wasser, Öl und Salz einen Hefeteig bereiten. Gut durchkneten und mit einem Tuch bedeckt 30 Minuten gehen lassen. Den Teig auf einer bemehlten Arbeitsfläche drei bis vier Zentimeter dick ausrollen. Kleine Kreise mit einem Durchmesser von fünf Zentimetern ausstechen und auf ein gefettetes Backblech legen. Die Zwiebeln sehr fein würfeln oder reiben und auf den Plätzchen verteilen. Etwas andrücken, mit grobem Salz bestreuen und nochmals 15 Minuten gehen lassen. Bei 180° C etwa 25 Minuten backen.

Sie werden sehen: Wer einmal mit dieser salzigen Knabberei angefangen hat, kann nur sehr schwer wieder damit aufhören. Etwas Zeit lässt sich sparen, wenn der Teig direkt aufs Blech kommt und vor dem Backen in Quadrate oder Rauten geschnitten wird.

Roggenfladen

150 g Roggenvollkornmehl
Kräutersalz
Fenchel
Koriander
3 – 4 EL Öl
6 – 8 EL Wasser
1 EL Leinsamen
Fett für das Backblech

Mehl mit Kräutersalz, Fenchel und Koriander würzen, Öl und Wasser hinzufügen und zusammen mit dem Leinsamen zu einem glatten Teig verarbeiten. Diesen einige Minuten ruhen lassen. Anschließend auf einem gefetteten Backblech hauchdünn ausrollen und bei 225° C 12 bis 15 Minuten backen. Etwas abkühlen lassen und vom Blech nehmen.

Roggenfladen sind eine leckere Unterlage für herzhaften Käse und pikante Aufstriche. Sie sind im Nu gebacken und finden meist reißenden Absatz. Auch für den Fall, dass man vergessen hat, sich mit genügend Brot zu bevorraten, bieten sie sich an.

Kartoffel-Früchte-Brot

450 g Kartoffeln
300 ml Wasser
40 g Hefe
500 g Roggenvollkornmehl
230 ml lauwarmes Kartoffelkochwasser
1 EL Honig
Salz
100 g Dörrpflaumen
100 g Sultaninen
100 g getrocknete Aprikosen
100 g grob gehackte Haselnüsse

Die Kartoffeln gut abbürsten und im Wasser weich kochen. Das Kochwasser auffangen, Kartoffeln schälen und durch eine Kartoffelpresse drücken. Hefe über das Mehl bröckeln und mit Kartoffelwasser, Honig und Salz zu einem Teig verkneten. Das Kartoffelpüree untermischen und 90 Minuten gehen lassen. Pflaumen, Sultaninen und Aprikosen klein schneiden und zusammen mit den Nüssen in den Kartoffelteig einarbeiten. Nochmals 45 Minuten gehen lassen, einen Laib formen und bei 200° C etwa eine Stunde backen.

Dieses saftige Früchtebrot schmeckt nicht nur zur Weihnachtszeit, sondern hat eigentlich immer Saison.

Roggenschrotbrot

Sauerteig:
225 g Roggenvollkornmehl
225 ml lauwarmes Wasser

Für die Brote:
1000 g grober Roggenschrot
1000 ml Wasser
500 g Weizenvollkornmehl
2 TL Salz

Für den Sauerteig zunächst 50 Gramm Mehl mit 50 Milliliter Wasser verrühren und bei Raumtemperatur 24 Stunden stehen lassen. In der zweiten Stufe weitere 50 Gramm Mehl und 50 Milliliter Wasser hinzufügen und einen weiteren Tag ruhen lassen. Am dritten Tag das übrige Mehl und Wasser dazugeben. Nach noch einmal 24 Stunden ist der Sauerteig fertig. Während der Sauerteig endgültig ausreift, Roggenschrot und Wasser mischen und ebenfalls 24 Stunden ruhen lassen. Am nächsten Tag den eingeweichten Schrot und den Sauerteig zusammen mit dem Weizenmehl und dem Salz zu einem Teig verarbeiten und ausdauernd (etwa 20 Minuten) kneten. Zugedeckt an einem warmen Ort gehen lassen. Den Teig dreiteilen, zu Laiben formen, auf ein gefettetes Backblech legen und nochmals 90 Minuten gehen lassen. Den Ofen vorheizen und die Brote bei 275 ° C 15 Minuten backen, dann die Hitze auf 200° C reduzieren und weitere 60 Minuten backen.

»Gut Ding will Weile haben«, weiß der Volksmund. Recht hat er.

Sonnenblumenbrot

Vorteig:

500 g Roggenschrot
20 g Backferment Grundansatz
10 g Backferment Granulat
500 ml warmes Wasser

Für die Brote:

500 g Roggenschrot
500 g Weizenvollkornmehl
150 g Sonnenblumenkerne
2 TL Salz
400 ml warme Buttermilch
Fett für die Formen

Aus Schrot, Grundansatz, Granulat und Wasser einen Vorteig
bereiten und über Nacht bei etwa 30° C (Heizung) ruhen lassen.
Am nächsten Tag Roggenschrot, Weizenmehl, Sonnenblumenkerne, Salz und Buttermilch zum Vorteig geben und alles zu
einem Teig verarbeiten und ausdauernd kneten. Zugedeckt eine
Stunde an einem warmen Ort gehen lassen. Den Teig in zwei
Teile teilen, beide nochmals durchkneten und in zwei gefettete
Kastenformen füllen. Noch einmal eine Stunde gehen lassen.
Den Ofen auf 275° C vorheizen und die Brote 15 Minuten bei
dieser Temperatur backen. Die Hitze auf 200° C reduzieren und
sie weitere 45 Minuten backen.

Backferment ist ein natürliches, aus Honig und vermahlenen
Körnerfrüchten (Getreide und Hülsenfrüchte) bestehendes Pulver
beziehungsweise Granulat. Backferment ist in Naturkostläden
und Reformhäusern erhältlich.

Rosinenquark mit Roggenkeimen

Keime aus 6 EL Roggen
500 g Magerquark
100 ml Milch
Saft einer halben Zitrone
250 g Rosinen

Den Roggen wie auf Seite 13 beschrieben keimen lassen. Quark mit Milch und Zitronensaft glatt rühren. Roggenkeime und Rosinen untermischen.

Roggen keimt sehr leicht in zwei bis drei Tagen. Weil die Roggenkeime im Geschmack mild sind, harmonieren sie gut mit Quarkspeisen. Sie sind aber auch eine gute Zutat für Salate.

Hafer

Durch sein charakteristisches Aussehen ist **Hafer** auf unseren Feldern leicht zu erkennen. Das zur Gattung der Süßgräser gehörende Getreide wächst nicht in Ähren, sondern in bis zu 30 Zentimeter langen Rispen, an deren Ende kleine Ährchen sitzen, die zwei bis drei von einem Spelz umschlossene helle Körner enthalten. Durch Dreschen allein sind die Haferkörner nicht von ihrem Spelz zu befreien, sie müssen in einem speziellen Arbeitsgang geschält werden.

Beheimatet ist der Hafer in Vorderasien, von dort gelangte er vor rund 2500 Jahren nach Europa und wurde bald auch kultiviert. Bis vor zwei Jahrhunderten zählte er hierzulande zu den Grundnahrungsmitteln – vor allem der ärmeren Bevölkerung. Ein Haferanbaugebiet mit langer Tradition sind die Britischen Inseln, wo sich »Porridge«, ein dicker Haferbrei, der mit Sahne oder Sirup verfeinert wird, als Frühstücksspeise nach wie vor großer Beliebtheit erfreut.

Im Naturkostladen findet man ganze Körner fast ausschließlich als **Nackthafer**, eine gut lagerfähige spelzfreie Züchtung. Der weitaus größte Teil des Hafers wird in Flockenform angeboten.

Mit der Nährstoffbilanz des Hafers kann kein anderes Getreide konkurrieren. Er ist das fettreichste unter ihnen und verfügt über den höchsten Gehalt an wertvollen Proteinen. Darüber hinaus enthält Hafer besonders viel Eisen, Calcium, Silizium, Mangan und Zink sowie Vitamin B_1 und E. Um die gesundheitsfördernden Eigenschaften des nährstoffreichen und leicht verdaulichen Hafers weiß man schon lange. Zu Recht werden Haferflocken für die Kinderernährung und bei Magen-Darm-Erkrankungen empfohlen. Bekannt ist auch seine regulierende Wirkung auf den Cholesterinspiegel. Neueren Untersuchungen zufolge fördert Hafer sogar die Ausscheidung von Schwermetallen wie Blei, Cadmium oder Chrom aus dem Körper.

Sollen ganze Haferkörner verwendet werden, z. B. für Salate oder Getreidepfannen mit Gemüse, ist es nicht nötig, diese einzuweichen. Sie werden einfach etwa 30 Minuten in Wasser oder Gemüsebrühe gekocht. Ist genug Zeit zum Nachquellen, genügen auch 20 Minuten.

Verbacken lässt sich Hafer nicht ohne weiteres. Es fehlt ihm dafür das Klebereiweiß. Deshalb sollte man ihn mit anderen Mehlsorten mischen. Am beliebtesten ist Hafer zu Flocken gequetscht, ob grob oder fein, ob fürs Müsli oder für kernige Kekse, ob als Zutat für herzhafte Bratlinge oder Aufläufe.

Warmes Müsli mit Vanillejoghurt

2 kleine Äpfel
1 EL Butter
200 g feine Haferflocken
4 EL Sonnenblumenkerne
2 EL Rosinen
250 g Naturjoghurt
Vanillepulver
1 EL Honig

Die Äpfel mit Schale in kleine Stückchen schneiden. Die Butter zerlassen und darin Haferflocken, Sonnenblumenkerne, Rosinen und Apfelstückchen unter Rühren anrösten. Zugedeckt auf kleinster Flamme einige Minuten garen lassen, bis die Apfelstückchen weich sind und die Rosinen aufquellen. Joghurt mit Vanille und Honig verrühren und zu dem warmen Müsli servieren.

Meist muss es morgens schnell gehen, daher isst man dieses Müsli wahrscheinlich seltener zum Frühstück, sondern eher als kernige Nachspeise. Es sei denn, es ist Sonntag ...

Granola Mix

50 g grobe Haferflocken
50 g gehackte Mandeln
50 g gehackte Haselnüsse
50 g Sonnenblumenkerne
50 g Sesamsaat
50 g Sojakerne
3 EL Walnussöl
3 EL Ahornsirup

Haferflocken, Mandeln, Nüsse, Sonnenblumenkerne, Sesam und Sojakerne in eine große Schüssel geben und gut mischen. Öl und Ahornsirup unterarbeiten und alles auf ein Backblech geben. Die Mischung etwa fingerdick darauf ausbreiten und bei 200° C 20 Minuten backen. Ab und zu wenden. Nach dem Auskühlen in einem großen Glas mit Schraubverschluss aufbewahren.

Mit einigen Esslöffeln Granola Mix lässt sich schnell ein Müsli bereiten. Geben Sie einfach Getreideflocken nach Wahl sowie Milch oder Joghurt dazu – fertig.

Süßer Haferaufstrich

1 EL Butter
100 g Hafervollkornschrot
125 ml Wasser
50 ml Distelöl
Salz
1 EL Honig
Vanillepulver

Die Butter zerlassen, Hafer hinzufügen und rösten, bis er zu duften beginnt. Mit Wasser ablöschen und unter Rühren zum Kochen bringen. Vom Herd nehmen und 10 Minuten ausquellen lassen. Das Öl in einem feinen Strahl hineinrühren und mit einer Spur Salz sowie Honig und Vanille süß abschmecken.

Statt des Haferschrots lässt sich für diesen Aufstrich auch Hafer in Flockenform (nach Geschmack grob oder fein) verwenden. Besonders gut: ein Frühstücksbrot oder -brötchen mit Haferaufstrich und Bananenscheiben.

Hafer-Pilz-Aufstrich

1 EL getrocknete Pilze
1 EL Butter
100 g Hafervollkornschrot
250 ml Wasser
2 – 3 EL Öl
½ Bund Petersilie
Salz
schwarzer Pfeffer
etwas Zitronensaft

Die Pilze mit Wasser bedeckt 30 Minuten einweichen, in ein Sieb geben und abtropfen lassen. Die Butter zerlassen, Hafer hinzufügen und anrösten, bis er zu duften beginnt. Mit Wasser ablöschen und unter Rühren zum Kochen bringen. Vom Herd nehmen und 10 Minuten ausquellen lassen. Das Öl in einem feinen Strahl hineinrühren. Pilze und Petersilie fein hacken und unter die Hafermasse mischen. Den Aufstrich mit Salz, Pfeffer und Zitronensaft abschmecken.

Haferklößchensuppe

150 g Hafervollkornmehl
2 Eier
3 EL Butter
etwas Wasser
Oregano
Kerbel
Muskatblüte
Salz
1500 ml Gemüsebrühe
1 Bund Petersilie

Das Hafermehl in einer Pfanne kurz trocken anrösten. Die Eier trennen, Eigelb mit Butter und etwas Wasser schaumig rühren, Eiweiß zu steifem Schnee schlagen. Die Eigelb-Butter-Mischung unter den Hafer rühren, mit Oregano, Kerbel, Muskatblüte und Salz würzen und 30 Minuten quellen lassen. Anschließend den Eischnee unterziehen und aus der Masse mit feuchten Händen kleine Klößchen formen. Die Gemüsebrühe zum Sieden bringen und die Klößchen etwa 25 Minuten darin ziehen lassen. Die Petersilie fein hacken und vor dem Servieren über die Suppe streuen.

Sonnenblumensalat

400 ml Wasser
150 g Hafer
2 große Möhren
150 g Weißkohl
3 EL Essig
2 EL Öl
Pfeffer
Salz
30 g Sonnenblumenkerne

Das Wasser zum Kochen bringen, den Hafer einstreuen und 30 Minuten auf kleiner Flamme garen. Abkühlen lassen. Die Möhren raspeln, den Weißkohl hobeln. Aus Essig, Öl, Pfeffer und Salz ein Dressing rühren. Hafer, Möhren und Weißkohl in einer Schüssel mischen, das Dressing unterrühren und etwas durchziehen lassen. Die Sonnenblumenkerne in einer Pfanne einige Minuten trocken rösten und über den Salat streuen.

Hafer-Kartoffel-Plätzchen

400 ml Wasser
150 g Hafer
600 g Kartoffeln
Kochwasser
1 Bund Schnittlauch
2 Knoblauchzehen
1 TL Chili
Öl zum Ausbacken

Das Wasser zum Kochen bringen, den Hafer einstreuen und 30 Minuten auf kleiner Flamme garen. Die Kartoffeln bürsten und fingerbreit mit Wasser bedeckt ebenfalls 30 Minuten bei mäßiger Hitze kochen. Den Schnittlauch in dünne Röllchen schneiden, den Knoblauch sehr fein hacken. Die Kartoffeln pellen und durch die Presse drücken. Hafer, Kartoffeln, Schnittlauch und Knoblauch gut miteinander vermengen und mit Chili kräftig abschmecken. Das Öl erhitzen, mit zwei Esslöffeln Plätzchen formen und in heißem Fett von beiden Seiten jeweils einige Minuten knusprig braten.

Die herzhaften Plätzchen sind eine prima Beilage zu gedünstetem Gemüse, das mit etwas Sahne abgerundet ist.

Sellerie mit Haferflockenhaube

500 ml Gemüsebrühe
100 g Lauch
100 g Haferflocken
1 mittelgroße Sellerieknolle
2 Tomaten
2 EL Butter
3 EL Öl

Die Gemüsebrühe zum Kochen bringen, den Lauch in feine Ringe schneiden und hinzufügen. Haferflocken einstreuen, kurz aufkochen und 10 Minuten ausquellen lassen. Die Sellerieknolle putzen und in ein Zentimeter dicke Scheiben schneiden. Die Tomaten vierteln, in etwas Butter kurz andünsten und beiseite stellen. Die Selleriescheiben in heißem Öl bei mäßiger Hitze von beiden Seiten je 3 bis 4 Minuten braten. Die Haferflockenmasse auf den heißen Selleriescheiben verteilen und mit den Tomaten belegt servieren.

Kaum zu glauben, aber wahr: Dieses Gericht kommt ohne jedes Gewürz aus, weil der Sellerie sehr schmackhaft ist. Probieren Sie es aus.

Käsewaffeln mit grüner Sauce

Waffeln:
4 Eier
200 g weiche Butter
400 g mittelgrober Hafervollkornschrot
400 ml Milch
100 g mittelalter Gouda
Salz
Muskat

Sauce:
2 Eier
1 großer Bund gemischte Kräuter
 (z. B. Schnittlauch, Petersilie, Sauerampfer, Pimpernell)
150 g Dickmilch
150 g Magerquark
2 TL Senf
Salz
etwas Honig
1 TL Curry

Eier und Butter schaumig schlagen. Nach und nach Hafer und Milch unterrühren. Den Käse raspeln und ebenfalls unter den Teig arbeiten. Mit Salz und Muskat abschmecken und 30 Minuten quellen lassen. Währenddessen die Eier hart kochen und die Kräuter hacken. Die Eier würfeln und mit den Kräutern mischen. Aus Dickmilch, Quark und Senf eine Sauce bereiten, mit Salz, Honig und Curry abschmecken und unter die Eier-Kräutermischung rühren. Mit dem Waffeleisen ohne weitere Fettzugabe etwa zwölf Waffeln backen und zusammen mit der grünen Sauce warm servieren.

Stachelbeer-Mandel-Auflauf

175 g Haferflocken
125 ml Milch
2 EL Butter
2 – 3 EL Honig
150 g Magerquark
125 ml saure Sahne
100 g gemahlene Mandeln
Vanillepulver
Ingwer, gerieben
abgeriebene Zitronenschale
Salz
500 g Stachelbeeren
Fett für die Auflaufform
1 EL gemahlene Mandeln
Zimt

Die Haferflocken mit Milch übergießen und etwas quellen lassen. Butter und Honig schaumig rühren, den Quark mit der Sahne glatt rühren und mit der Honigmischung zu den Haferflocken geben. Mandeln, etwas Vanille, Ingwer, Zitronenschale und Salz hinzufügen und alles gut miteinander mischen. Stachelbeeren unterheben, die Masse in eine gefettete Auflaufform füllen, mit Mandeln bestreuen und bei 200° C etwa 45 Minuten backen. Mit Zimt bestreut servieren.

Besonders gut schmeckt der Stachelbeerauflauf mit einer Vanillesauce.

Hafermuffins

150 g Hafervollkornmehl
150 g Weizenvollkornmehl
1 TL Fenchel
20 g Hefe
200 ml lauwarmes Wasser
Salz
1 EL Honig
Fett für die Muffinformen
2 EL grobe Haferflocken

Hafer- und Weizenmehl mischen. Den Fenchel im Mörser zerstoßen und dazugeben. Die Hefe im Wasser auflösen, zu der Mehlmischung geben, Salz und Honig hinzufügen und alles zu einem glatten Teig verkneten. Zugedeckt an einem warmen Ort 30 Minuten gehen lassen. Aus dem Teig zwölf Kugeln formen und in die gefetteten Muffinformen setzen. Mit etwas Wasser bestreichen, die Haferflocken darauf verteilen und noch einmal 10 Minuten ruhen lassen. Die Muffins bei 170° C etwa 15 Minuten backen. Auskühlen lassen und aus den Formen nehmen.

Wenn Sie die Hafermuffins quer aufschneiden, mit Salatblättern, Tomaten- und Gurkenscheiben, kleinen Getreidebratlingen (siehe Seite 38) und je einer Scheibe Käse belegen, werden daraus gesunde und leckere McMuffins.

Zimt-Dattel-Ecken

75 g getrocknete Datteln
200 g Butter
125 g Honig
100 g Weizenvollkornschrot
300 g Haferflocken (fein)
300 – 350 ml Wasser
1 TL Zimt
Muskat
Salz
Fett für das Backblech

Die Datteln klein schneiden. Die Butter in einem Topf zerlassen und den Honig hinzufügen. Den Topf vom Herd nehmen und unter Rühren Datteln, Schrot, Haferflocken und so viel Wasser dazugeben, dass eine weiche Masse entsteht. Mit Zimt, etwas Muskat und Salz abschmecken. Die Masse auf ein gefettetes Backblech streichen und bei 200° C 35 Minuten backen. Eine Stunde auskühlen lassen und anschließend in beliebig große Dreiecke schneiden.

Türkisches Hafergebäck

500 g grobe Haferflocken
Salz
900 – 950 ml heißes Wasser
1 TL Pfeilwurzelmehl
etwas Wasser
Fett für das Backblech
200 g gehackte Pistazien
200 g gehackte Walnüsse
100 g Pinienkerne
50 ml Öl
125 ml Wasser
125 g Honig
einige Safranfäden
etwas Rosenwasser

Die Haferflocken leicht salzen, mit heißem Wasser übergießen und so lange quellen lassen, bis das Wasser aufgesogen ist. Das Pfeilwurzelmehl mit etwas Wasser anrühren und darunter mischen. Die Hälfte der Hafermasse etwa einen Zentimeter dick auf ein gefettetes Backblech streichen. Pistazien, Walnüsse und Pinienkerne mischen und darauf verteilen. Mit der zweiten Haferhälfte bedecken, leicht andrücken und bei 180° C etwa 20 Minuten backen. Die Oberfläche mit Öl bestreichen. Wasser, Honig, Safran und Rosenwasser verrühren, das Gebackene damit überziehen und noch einmal für 10 Minuten in den Ofen schieben. Noch warm in beliebig große Rechtecke schneiden.

Wer es etwas süßer mag, kann unter die gequollenen Haferflocken noch ein bis zwei Esslöffel Honig rühren.

Flap Jack

100 g Dörrpflaumen
Wasser zum Einweichen
500 g Äpfel
Saft einer halben Zitrone
2 Eier
4 EL Vollrohrzucker
125 g weiche Butter
250 g mittelgrober Hafervollkornschrot oder
  feine Haferflocken
Fett für die Form

Die Pflaumen klein schneiden und in Wasser einweichen. Die Äpfel schälen, würfeln und mit Zitronensaft begießen, damit sie nicht braun werden. Eier und Zucker schaumig rühren, nach und nach die Butter unterarbeiten. Den Hafer hinzufügen und alles zu einem klebrigen Teig verkneten. In eine kleine gefettete Springform (26 cm) füllen und mit einem Teigschaber glatt streichen. Die Pflaumen abtropfen lassen und zusammen mit den Äpfeln darauf verteilen. Den Flap Jack bei 170° C 30 Minuten backen.

Am allerbesten ist dieser Kuchen, wenn er noch heiß ist.

Haferkonfekt

150 ml Wasser
160 g feine Haferflocken
1 EL Honig
Zimt

Das Wasser zum Kochen bringen, die Hälfte der Haferflocken einstreuen und 10 Minuten unter Rühren köcheln lassen. Die übrigen Haferflocken dazugeben und auf kleinster Flamme noch einige Minuten weiterrühren. Honig und Zimt untermischen und den Hafer abkühlen lassen. Mit feuchten Händen aus der Masse kleine Kugeln formen und in Papierförmchen setzen.

Dieses einfache Haferkonfekt kann man geschmacklich vielfältig variieren: Wälzen Sie die Kugeln in Sesamsaat, gerösteten Haferflocken oder in Kakaopulver. Auch lässt sich der Mischung 50 Gramm sehr fein gehacktes Dörrobst nach Wahl zusetzen. Weihnachtlich wird das Ganze mit etwas Lebkuchengewürz, und mit einigen Tropfen Bittermandelöl schmeckt das Konfekt wunderbar marzipanig.

Gerste

Gerste, so belegen Funde am Toten Meer, wurde bereits vor rund 8000 Jahren angebaut, womit sie zu den ältesten Getreidesorten zählt. Eine wichtige Rolle als Nahrungsgetreide spielte sie auch im Griechenland der Antike. Gerste ist eine anspruchslose und widerstandsfähige Pflanze mit kurzer Reifezeit, sie gedeiht daher auch in raueren Regionen und großen Höhen wie Sibirien und dem Himalaja. Ihr Halm trägt lange kräftige Grannen, die Ähren ähneln denen von Roggen. Angebaut werden **Spelz-** und **Nacktgerste.** Bei ersterer ist das Korn fest mit einem schützenden Spelz verwachsen, der nach der Ernte durch Schleifen mechanisch entfernt werden muss. Dabei wird das Getreidekorn verletzt und der Keim zerstört. Spelzgerste liefert unter anderem die Braugerste für die Bierherstellung und dient als Rohstoff für Malzkaffee, besonders stark geschliffene Gerstenkörner kennen wir als Graupen, Perl- oder Rollgerste.

Wesentlich geringere Erträge werden mit dem Anbau von Nacktgerste erzielt. Bei ihr entfällt das Entspelzen und man erhält ein Korn von hoher biologischer Wertigkeit. Im Naturkostladen wird Gerste – hauptsächlich Nacktgerste – in Form von ganzen Körnern und Flocken angeboten.

Mit zwei Prozent Fett ist die Gerste relativ fettarm (Hafer: sieben Prozent), ihr Eiweißgehalt beträgt rund zehn Prozent. An wichtigen Mineralstoffen sind vor allem Calcium, Eisen und Phosphor zu nennen, an Vitaminen enthält sie Niacin, B_1, B_2 und E. Gesundheitliche Wirkungen entfaltet Gerste in erster Linie bei Schleimhautreizungen des Magen-Darm-Traktes.

Sollen die ganzen Körner verwendet werden – beispielsweise für Salate und Aufläufe oder als Beilage – benötigt Gerste eine Einweichzeit von etwa zehn Stunden (am besten über Nacht) und eine Kochzeit von 45 Minuten (in der zweieinhalbfachen Menge Wasser). Danach sollte sie noch etwa 15 Minuten nachquellen. Geschrotete Gerste sorgt für wunderbar sämige Suppen, Cremes und Brotaufstriche, ihre Flocken schmecken in Getränken und kernigen Müslis. Zu Brot kann Gerste nur mit anderen Getreiden gemischt, nicht aber solo verbacken werden, da sie nur wenig Klebereiweiß enthält. Sehr gut sind hingegen Pfannkuchen und Fladen aus Gerstenmehl.

Warmer Gerstentrunk

Für 2 Personen:
400 ml Wasser
3 EL Gerstenflocken
¼ Apfel
1 Zweig Zitronenmelisse
Honig nach Geschmack

Das Wasser zum Kochen bringen, Gerstenflocken einstreuen und 15 Minuten auf kleiner Flamme köcheln lassen. Den Apfel klein schneiden, die Zitronenmelisse hacken, dazugeben und weitere 5 Minuten köcheln lassen. Flocken, Apfelstücke und Zitronenmelisse abseihen und mit Honig süßen.

Sie können von dem Gerstentrunk auch gleich größere Mengen zubereiten. Zugedeckt hält er sich im Kühlschrank einige Tage frisch. Die abgeseihten Zutaten lassen sich im Müsli weiterverwenden.

Grünkohl-Gersten-Aufstrich

100 g Grünkohl
100 g Tofu
1 EL Öl
1 EL Sesammus
100 g Gerstenflocken
Paprika edelsüß
Kräutersalz

Den Grünkohl fein hacken, in wenig Wasser bissfest garen und abtropfen lassen. Mit Tofu, Öl, Sesammus und den Gerstenflocken im Mixer zu einer geschmeidigen Creme rühren. Mit Paprika und Kräutersalz kräftig abschmecken.

Abwechslung fürs Frühstücks- oder Pausenbrot – der Aufstrich schmeckt besonders lecker auf kräftigem Vollkornbrot mit hohem Roggenanteil.

Würzige Gerstensuppe

7 EL grober Gerstenschrot
2 EL Butter
1250 ml Gemüsebrühe
1 Möhre
2 Stangen Staudensellerie
150 g grüne Bohnen
1 Lorbeerblatt
2 Knoblauchzehen
1 Frühlingszwiebel
1 TL Majoran
½ TL Estragon
Salz
Pfeffer
2 EL Sahne
½ TL Hefepaste
½ Bund Schnittlauch
½ Bund Petersilie

Den Gerstenschrot in zerlassener Butter unter Rühren anrösten, bis er zu duften beginnt. Mit der Gemüsebrühe ablöschen.
Die Möhre in Scheiben, Sellerie und Bohnen in Stücke schneiden. Gemüse mit dem Lorbeerblatt zur Suppe geben und 25 Minuten köcheln lassen. Knoblauch und Frühlingszwiebel fein hacken, hinzufügen und auf der ausgeschalteten Herdplatte 10 Minuten ziehen lassen. Mit Majoran, Estragon, Salz und Pfeffer abschmecken, Sahne und Hefepaste einrühren. Schnittlauch in Röllchen schneiden, Petersilie hacken und beides über die Suppe streuen. Eventuell noch einmal kurz zum Sieden bringen und servieren.

Bunte Salatvorspeise mit Gerste

150 g Feldsalat
1 Zwiebel
1 kleiner Apfel
½ Salatgurke
3 EL Öl
1 EL Essig
1 TL scharfer Senf
Salz
Pfeffer
100 g gekochte Gerste vom Vortag
½ Bund Radieschen

Den Feldsalat sorgfältig waschen, Wurzeln und welke Blättchen entfernen. Die Zwiebel fein würfeln, Apfel und Gurke in Stückchen schneiden und mit dem Feldsalat in einer Schüssel mischen. Aus Öl, Essig, Senf, Salz und Pfeffer ein Dressing rühren und dazugeben. Die Gerste mit einer Gabel etwas auflockern und unterheben. Die Radieschen in Scheiben schneiden und über dem Salat verteilen.

Probieren Sie diesen Gerstensalat auch mit einer Sauce aus einem Esslöffel Sesammus, drei Esslöffeln Naturjoghurt, Salz und etwas fein gehackter Petersilie.

Gemüse-Gersten-Pfanne

200 g Gerste
500 ml Wasser
200 g Möhren
100 g Knollensellerie
400 g Lauch
Öl
1 TL Thymian
Salz
Pfeffer
50 g Bergkäse

Die Gerste über Nacht in dem Wasser einweichen. Am nächsten Tag im Einweichwasser zum Kochen bringen, 45 Minuten auf kleiner Flamme garen und 15 Minuten ausquellen lassen. Möhren in Scheiben, Sellerie in Stifte und Lauch in Ringe schneiden und in heißem Öl unter Rühren andünsten. Die Gerste unterrühren, mit Thymian, Salz und Pfeffer abschmecken und zugedeckt 15 Minuten köcheln lassen. Eventuell noch etwas Wasser zugießen. Den Käse reiben und über die Gemüsegerste streuen.

Je nach Saison können Sie auch andere Gemüsearten verwenden, beispielsweise Tomaten, Paprika, Zucchini ...

Gerstenschrottopf

400 g Kohlrabi
200 g Zucchini
200 g Möhren
1 Knoblauchzehe
50 g Tomatenmark
1500 ml Gemüsebrühe
200 g grober Gerstenschrot
Selleriesalz
Estragon
Rosmarin
1 Zwiebel
4 Tomaten
1 Bund Petersilie

Kohlrabi, Zucchini und Möhren klein schneiden, den Knoblauch fein hacken und mit dem Tomatenmark in der Gemüsebrühe 15 Minuten auf kleiner Flamme köcheln lassen. Den Gerstenschrot einrühren, mit Selleriesalz, Estragon und Rosmarin abschmecken und die Zwiebel hineinreiben. Weitere 5 Minuten köcheln lassen. Die Tomaten vierteln, die Petersilie fein hacken und beides unterziehen. Eventuell noch etwas Gemüsebrühe nachgießen und sofort servieren.

Auch anderes Gemüse macht sich gut in diesem Eintopf, zum Beispiel Sellerie, Lauch, Blumenkohl, Wirsing, Rosenkohl oder Paprika.

Gerstenpfannkuchen

200 g Gerstenvollkornmehl
300 ml Milch
3 Eier
Salz
ungehärtetes Kokosfett

Mehl, Milch, Eier und Salz zu einem dickflüssigen Teig verarbeiten. Kokosfett erhitzen, etwas Teig hineingeben und diesen mit einem Löffel zu den Seiten hin ausstreichen. Nach 1 bis 2 Minuten wenden und fertig backen. Die Teigmenge ergibt sechs bis sieben etwas dickere Pfannkuchen.

Gerstenpfannkuchen schmecken prima zu Pilzgerichten jeder Art. Da sie etwas trocken sind, sollte immer eine Sauce dabei sein.

Gerstenfladen

400 g Gerstenvollkornmehl
Salz
4 EL Butter
200 – 250 ml Wasser
Fett für das Backblech
Butter für die fertigen Fladen

Das Mehl leicht salzen, die Butter dazugeben und zwischen den Fingern verreiben. Das Wasser hinzufügen und rasch zu einem festen, aber dennoch geschmeidigen Teig verarbeiten. Eventuell noch etwas Wasser zusetzen. Aus dem Teig vier runde Fladen mit einem Durchmesser von 20 Zentimetern ausrollen. Auf ein gefettetes Backblech legen, mehrmals mit einer Gabel einstechen und bei 250° C 15 bis 20 Minuten backen. Butter zerlassen und die Fladen vor dem Servieren damit bestreichen.

Diese Gerstenfladen isst man in Finnland. Statt Butter kann man sowohl für den Teig als auch zum Bestreichen der fertigen Fladen Sonnenblumenöl verwenden.

Kernige Rosinenspeise

100 g Gerste
250 ml Wasser
250 ml Milch
2 – 3 EL Gerstenvollkornmehl
4 EL Rosinen
Honig nach Geschmack

Die Gerste über Nacht in dem Wasser einweichen. Am nächsten Tag im Einweichwasser 45 Minuten auf kleiner Flamme garen und 15 Minuten ausquellen lassen. Das gegarte Getreide mit dem größten Teil der Milch zum Kochen bringen, die übrige Milch mit dem Mehl glatt rühren und dazugeben. Unter Rühren köcheln lassen, bis die gewünschte Konsistenz erreicht ist. Rosinen hinzufügen und Honig unterrühren.

Schneller geht's, wenn die Gerste nicht erst eingeweicht und gekocht zu werden braucht, sondern man auf einen Rest vom Vortag zurückgreifen kann.

Rote Grütze

200 g Erdbeeren
100 g Johannisbeeren
100 g Himbeeren
½ TL Zimt
Wasser
Salz
Honig
Apfeldicksaft nach Geschmack
150 g gekochte Gerste vom Vortag

Die Erdbeeren klein schneiden und mit den Johannis- und den Himbeeren, Zimt und etwas Wasser zum Kochen bringen. Einige Minuten auf kleiner Flamme köcheln lassen. Salz, Honig und Apfeldicksaft nach Geschmack unterrühren. Vom Herd nehmen, die Gerste dazugeben und alles gut miteinander vermischen.

Die Rote Grütze schmeckt warm und kalt. In Dänemark isst man sie traditionell mit etwas flüssiger Sahne.

Gersten-Nuss-Creme

500 ml Milch
Zimt
100 g Gerstenvollkornmehl
2 – 3 EL Honig
2 – 3 EL gemahlene Haselnüsse
1 – 2 EL Kakao
150 ml Sahne

Die Milch mit etwas Zimt zum Kochen bringen und das Mehl mit dem Schneebesen hineinrühren. Kurz aufkochen und auf der ausgeschalteten Herdplatte 15 Minuten quellen lassen. Den Honig hinzufügen. Die Haselnüsse in einer Pfanne trocken rösten und zusammen mit dem Kakao ebenfalls unterrühren. Die Sahne steif schlagen und darunter ziehen.

Variieren lässt sich dieses Dessert durch die Zugabe von geraspeltem oder püriertem Obst.
Noch appetitanregender wird die Creme, wenn Sie einen Teil der Sahne zurückbehalten, diese in einen Spritzbeutel füllen und die Creme mit kleinen Sahneklecksen schmücken.

Hirse

Botanisch gesehen bezeichnet der Begriff **Hirse** verschiedene samentragende Gräser, die zu den ältesten Kulturpflanzen auf unserem Globus gehören. Die Speisehirse, die wir kennen, ist die so genannte **Rispenhirse**. Im Wuchs dem Hafer ähnlich, bringt die 60 bis 80 Zentimeter hoch werdende Pflanze ihre goldenen Samenkörnchen an lockeren Rispen hervor. Weil ihre harte Schale unverdaulich ist, kommt die Hirse entspelzt in den Handel. Anders als beispielsweise beim Weizen befinden sich die wertvollsten Bestandteile nicht in den äußeren Randschichten, daher ist Hirse auch im geschälten Zustand noch ein vollwertiges Korn.

Für viele Menschen hat die Vorstellung Hirse zu essen noch immer etwas Exotisches. Sie verbinden dieses Getreide in erster Linie mit Vogelfutter. Dabei ist Hirse ein wichtiges Getreide und in vielen Teilen der Erde Grundnahrungsmittel. Weiter ließe sich anführen, dass Hirse auch bei uns gegessen wurde, bevor sie der Kartoffel weichen musste.

Am besten ist aber wohl, die Hirse für sich sprechen zu lassen und einfach auszuprobieren, was für wunderbare Gerichte man mit den kleinen gelben Kügelchen zubereiten kann.

Was die »inneren Werte« der Hirse betrifft, so ist sie in der Nähe des Hafers anzusiedeln. Wie dieser ist Hirse besonders eiweiß- und fettreich. Sie enthält Vitamine der B-Gruppe sowie die Vitamine A und C. Herausragend ist die Zusammensetzung ihrer Mineralstoffe: Hirse enthält besonders viel Fluor und Silizium (in Form von Kieselsäure), die bedeutend sind für das Wachstum und die Gesunderhaltung unserer Zähne, Haare und Knochen. Darüber hinaus stellt sie mit neun Milligramm Eisen pro hundert Gramm alle anderen Getreide in den Schatten und empfiehlt sich daher besonders für Menschen, die unter Eisenmangel leiden.

Wie Buchweizen ist Hirse ein »schnelles« Getreide, das nicht eingeweicht zu werden braucht – es sei denn, man möchte sie roh für ein Frischkorngericht verwenden. Wer empfindlich ist, sollte möglichst auch die Hirseflocken fürs Müsli vor dem Verzehr ein bis zwei Stunden in Wasser einweichen, sie sind dann besser verdaulich. Je nach gewünschter Körnigkeit ist Hirse nach 15 bis 20 Minuten gar. Wichtig: Die Körnchen vor dem Kochen in einem feinen Sieb heiß abspülen. Auf diese Weise wird das beim Schälen der Hirsekörner ausgetretene Öl entfernt, das leicht bitter schmeckt. Als glutenfreies Getreide ist Hirse zum Backen ungeeignet, mischt man jedoch etwas Hirsemehl unter Weizenvollkornmehl, so rundet die Hirse den Geschmack gut ab und sorgt für mehr Knusprigkeit.

Möhrenmüsli

Pro Person:
3 EL mittelfein geschrotete Hirse
Wasser
1 EL Haferflocken
1 Möhre
1 Apfel
1 Banane
1 EL Honig
1 EL Rosinen
1 EL Sonnenblumenkerne
1 EL Sesamsaat
Apfelsaft nach Bedarf

Die Hirse über Nacht in so viel Wasser einweichen, dass sie bedeckt ist. Am nächsten Morgen mit den Haferflocken mischen. Die Möhre und einen halben Apfel fein reiben und unterrühren. Die andere Hälfte des Apfels und die Banane klein schneiden und dazugeben. Honig, Rosinen, Sonnenblumenkerne und Sesam hinzufügen und alles gut miteinander vermengen. Sollte das Müsli etwas trocken sein, ein bis zwei Esslöffel Apfelsaft unterrühren.

Hirse aufs Brot

150 ml Gemüsebrühe
75 g Hirse
1 Zwiebel
100 g Champignons
Öl
1 TL Majoran
1 TL Thymian
Kräutersalz
75 g weiche Butter

Gemüsebrühe zum Kochen bringen, Hirse einstreuen und auf kleinster Flamme 30 Minuten ausquellen lassen. Die Zwiebel fein würfeln, die Champignons in dünne Scheiben schneiden und beides in heißem Öl glasig dünsten. Zusammen mit der Hirse in den Mixer geben, mit Majoran, Thymian und Kräutersalz würzen, Butter hinzufügen und zu einer feinen Paste pürieren.

Brauchen Sie auf die Schnelle ein kleines Geschenk oder Mitbringsel? Ein Brotaufstrich, in ein schönes Glas gefüllt und mit einem selbst geschriebenen Etikett versehen, kommt immer gut an.

Hirsesternsuppe

Hirsesterne:
150 g Hirsemehl
¼ TL Kurkuma
Salz
½ Bund Petersilie
125 ml Milch
2 Eier
Fett für das Backblech

Suppe:
1 Möhre
1 Stange Lauch
2 Bund Suppengrün
1 l Wasser
Salz
1 kleiner Blumenkohl

Das Hirsemehl mit Kurkuma und Salz mischen. Die Petersilie fein hacken und dazugeben. Die Milch erhitzen, über das Mehl gießen, gut verrühren und abkühlen lassen. Die Eier trennen, Eigelb in die Hirse rühren, Eiweiß zu steifem Schnee schlagen und vorsichtig unterheben. Die Masse auf ein gut gefettetes Backblech streichen und bei 200° C etwa 25 Minuten backen.
Für die Suppe Möhre, Lauch und Suppengrün klein schneiden und in Salzwasser bei kleiner Hitze 10 Minuten garen. Den Blumenkohl in kleine Röschen zerteilen, hinzufügen und die Suppe weitere 10 Minuten köcheln lassen. Aus der gebackenen Hirsemasse kleine Sterne ausstechen und diese in der Suppe servieren.

Linsen-Hirse-Salat

100 g braune Linsen
500 ml Wasser
100 g Hirse
150 g Staudensellerie
1 rote Paprika
1 Zwiebel
200 g Sojakeime
150 g gehackte Walnüsse
6 EL Olivenöl
Saft einer Zitrone
3 EL Obstessig
4 EL Sojasauce
1 TL scharfer Senf
Pfeffer
Salz
1 Bund Petersilie

Die Linsen in 250 Millilitern Wasser 45 Minuten garen, das übrige Wasser zum Kochen bringen, die Hirse einstreuen und 25 Minuten auf kleiner Flamme ausquellen lassen. Sellerie und Paprika klein schneiden, Zwiebel fein würfeln. Linsen und Hirse mischen, Sellerie, Paprika, Zwiebelwürfel, Sojakeime und Nüsse dazugeben und alles gut miteinander vermengen. Aus Öl, Zitronensaft, Essig, Sojasauce und Senf ein Dressing rühren, mit Pfeffer und Salz abschmecken und unter den Salat heben. Die Petersilie grob hacken und den Salat vor dem Servieren damit bestreuen.

Genießen Sie diesen herzhaften Salat mit Vollkornbaguette oder -brötchen. Gut eignet er sich auch fürs Partybüfett.

Gemüse im Hirserand

1 Zwiebel
3 EL Öl
400 g Hirse
1 l Gemüsebrühe
Salz
50 g Hartkäse nach Wahl
1 kg gemischtes Gemüse
*   (z. B. Lauch, Möhren und Knollensellerie)*
30 – 40 g Butter
Kräutersalz
bei Bedarf etwas Wasser

Die Zwiebel fein würfeln und in heißem Öl sautieren. Die Hirse hinzufügen, mit der Gemüsebrühe aufgießen, aufkochen und auf kleiner Flamme 25 Minuten ausquellen lassen. Den Käse fein reiben und untermischen. Nach Geschmack mit etwas Salz abschmecken. Die Hirse in eine gefettete Ringform füllen und gut andrücken. Warmstellen und 15 Minuten nachquellen lassen.

Das Gemüse je nach Art klein schneiden. In zerlassener Butter unter Rühren andünsten, mit Kräutersalz würzen und zugedeckt bei mäßiger Hitze bissfest garen.

Die Hirse auf eine vorgewärmte Platte stürzen und das Gemüse im Hirserand anrichten.

Kräuterklöße

500 ml Wasser
Salz
250 g Hirse
½ Zwiebel
1 Bund gemischte Kräuter nach Wahl
   (z. B. Petersilie, Schnittlauch, Kerbel und Estragon)
50 g Butter
3 Eier
Kräutersalz
Muskat
Paprika edelsüß
½ Kartoffel
Wasser für die Klöße
Salz
1 Lorbeerblatt

Das Wasser zum Kochen bringen, Salz hinzufügen und die Hirse einstreuen. Auf kleiner Flamme 20 Minuten ausquellen lassen. Vom Herd nehmen und abkühlen lassen. Die Zwiebel fein würfeln, die Kräuter hacken. Zwiebelwürfel in zerlassener Butter andünsten und mit den Kräutern und den Eiern unter die Hirsemasse arbeiten. Gut durchkneten und mit Kräutersalz, Muskat und Paprika abschmecken. Das Kartoffelstück fein reiben und zum Binden untermischen. In einem großen Topf reichlich Wasser erhitzen, salzen und ein Lorbeerblatt hinzufügen. Aus der Hirsemasse mittelgroße Klöße formen und etwa 15 Minuten im siedenden Salzwasser ziehen lassen.

Gut schmecken die Kräuterklöße zu einer Tomatensauce und einem knackigen Blattsalat.

Hirsekroketten

500 ml Wasser
Salz
200 g Hirse
1 Zwiebel
1 Möhre
1 Ei
2 EL Weizenvollkornmehl
Kräutersalz
Muskat
Öl zum Ausbacken

Das Wasser zum Kochen bringen, Salz hinzufügen und die Hirse einstreuen. Auf kleiner Flamme 25 Minuten ausquellen lassen. Die Zwiebel sehr fein würfeln, die Möhre raspeln. Zwiebel, Möhre, Ei und Mehl unter die Hirse mischen. Mit Kräutersalz und Muskat kräftig abschmecken. Aus dem Hirseteig mit angefeuchteten Händen kleine Rollen formen und in heißem Öl bei mäßiger Hitze von allen Seiten goldbraun ausbacken.

Farblich harmonieren die Hirsekroketten gut mit Brokkoligemüse. Auch kalt sind sie – mit einem scharfen Dipp serviert – ein Genuss.

Gratin grün-weiß

1 Zwiebel
1 EL Olivenöl
200 g Hirse
500 ml heiße Gemüsebrühe
Pfeffer
Salz
Hefeflocken
1 Lorbeerblatt
200 g Champignons
1 Knoblauchzehe
200 g frische Erbsen
10 g Sojamehl
Fett für die Auflaufform
2 Eier
6 EL Milch
Muskat
Kräutersalz
50 g Bergkäse

Die Zwiebel würfeln und in heißem Öl andünsten. Die Hirse hinzufügen und unter Rühren kurz mitrösten. Mit Gemüsebrühe ablöschen, mit Pfeffer, Salz und Hefeflocken kräftig abschmecken, Lorbeerblatt dazugeben und zugedeckt 15 Minuten köcheln lassen. Währenddessen die Champignons in Scheiben schneiden und den Knoblauch fein hacken.
Pilze, Knoblauch, Erbsen und Mehl unter die gegarte Hirse mischen und in eine gefettete Auflaufform füllen. Eier und Milch mit Muskat und Kräutersalz verquirlen und über die Hirse geben. Käse reiben, darüber streuen und bei 220° C 15 Minuten gratinieren.

Schichtauflauf

2 Zwiebeln
4 EL Öl
250 g Hirse
500 ml Wasser
Salz, Curry
150 g Hartkäse nach Wahl
250 g Lauch
250 g Möhren
300 g Spinat
Kräutersalz
Pfeffer, Muskat
Fett für die Auflaufform
125 g Naturjoghurt
2 Eier
Salz

Zwiebeln fein würfeln und die eine in 2 EL Öl glasig dünsten. Hirse hinzufügen und mit Wasser aufgießen. Salz und Curry dazugeben und 20 Minuten auf kleiner Flamme quellen lassen. Den Käse reiben. Lauch in Ringe, Möhren in Scheiben schneiden und beides in wenig Salzwasser 5 bis 10 Minuten garen. Die zweite Zwiebel im übrigen Öl sautieren, Spinat dazugeben und einige Minuten dünsten. Mit Kräutersalz, Pfeffer und Muskat würzen. Eine runde hohe Auflaufform einfetten und ein Drittel der Hirse einfüllen, mit etwas Käse bestreuen. Darauf das Lauch-Möhren-Gemüse verteilen. Mit dem zweiten Drittel der Hirse bedecken, etwas Käse sowie den Spinat darüber geben. Mit der übrigen Hirse enden. Joghurt, Eier und den verbliebenen Käse verrühren, salzen und über den Auflauf streichen. Bei 220° C etwa 30 Minuten backen.

Topfengratin

500 ml Wasser
Salz
250 g Hirse
300 g Magerquark
2 EL Hirseflocken
2 Eier
2 EL Öl
Pfeffer
Paprika edelsüß
Muskat
Butter für die Auflaufform
   und zum Überbacken
½ Bund Schnittlauch
½ Bund Petersilie
100 g Hartkäse nach Wahl

Das Wasser zum Kochen bringen, Salz hinzufügen und die Hirse einstreuen. Auf kleiner Flamme 25 Minuten ausquellen lassen. Vom Herd nehmen und abkühlen lassen. Quark, Flocken, Eier und Öl unter die Hirse mischen. Mit Pfeffer, Paprika und Muskat abschmecken. Die Masse in eine gefettete, flache Auflaufform füllen und einige Butterflöckchen darauf verteilen. Die Kräuter fein hacken und darüber streuen. Käse reiben, über die Kräuter geben und den Auflauf bei 170° C 40 Minuten gratinieren.

Zu dem Topfengratin schmeckt bissfest gedünstetes Gemüse genauso gut wie jede Art von Blattsalat.

Hirsepaella

600 ml Gemüsebrühe
250 g Hirse
100 g Zwiebeln
100 g Möhren
250 g Auberginen
250 g Zucchini
100 g Champignons
Öl
Curry
Salz
1 Bund Petersilie
Fett für die Auflaufform

Die Gemüsebrühe zum Kochen bringen, die Hirse einstreuen und 20 Minuten auf kleiner Flamme ausquellen lassen. Die Zwiebeln fein würfeln, Möhren, Auberginen und Zucchini in Scheiben, Champignons blättrig schneiden. Zwiebeln und Gemüse in heißem Öl andünsten und im eigenen Saft leicht garen. Die Hirse hinzufügen und mit Curry und Salz kräftig abschmecken. Petersilie hacken und unterrühren. Die Masse in eine gefettete Auflaufform füllen und bei 200° C 15 bis 20 Minuten überbacken.

Sollte, was selten der Fall sein dürfte, von der Paella etwas übrigbleiben, so lässt sich dieser Rest mit wenig Aufwand zu einer tollen Gemüsesauce verarbeiten: Paella mit so viel Gemüsebrühe im Mixer pürieren, dass eine sämige Sauce entsteht. Mit Salz und Curry neu abschmecken und erhitzen. Schmeckt prima zu Vollkornspaghetti.

Süße Hirse

400 ml Wasser
300 ml Milch
300 g Hirse
50 g Rosinen
50 g gehackte Haselnüsse
Saft und abgeriebene Schale einer halben Zitrone
1 EL Honig
Kardamom, gemahlen
Zimt
Vanillepulver
Butter für die Auflaufform

Wasser und Milch zusammen in einen Topf geben und zum Kochen bringen. Die Hirse einstreuen und auf kleiner Flamme 25 Minuten ausquellen lassen. Rosinen, Haselnüsse, Zitronensaft und -schale, Honig und Gewürze dazugeben und alles gut miteinander vermengen. In eine gebutterte, flache Auflaufform füllen und bei 175° C etwa 25 Minuten goldgelb backen.

Zur süßen Hirse passt ein Kompott aus Äpfeln oder Zwetschgen. Probieren Sie sie auch mit Ahornsirup statt Honig (zwei Esslöffel) oder mit Ingwer statt Vanille.

Hirse-Erdbeer-Auflauf

500 ml Wasser
1 – 2 Stück Zimtrinde
250 g Hirse
300 g Erdbeeren
1 Banane
2 Eier
50 g Butter
50 ml Sahne
100 g Honig
Zimt
Fett für die Auflaufform

Das Wasser mit der Zimtrinde zum Kochen bringen. Die Hirse einstreuen und auf kleiner Flamme 25 Minuten ausquellen lassen. Vom Herd nehmen und etwas abkühlen lassen. Die Erdbeeren und die Banane klein schneiden, die Eier trennen. Eiweiß zu steifem Schnee schlagen, Eigelb mit Butter, Sahne, Honig und Zimt schaumig rühren. Hirse, Erdbeeren und Banane darunter mengen und vorsichtig den Eischnee unterheben. Die Masse in eine gefettete, flache Auflaufform füllen und bei 200° C etwa 50 Minuten backen.

Mit Erdbeeren rot unterlegt, wirkt die schöne gelbe Farbe der Hirse umso appetitanregender.

Feine Apfeltorte

125 g Butter
75 g Honig
250 g Weizenvollkornmehl
Fett für die Springform
500 ml Wasser
250 g Hirse
750 g Äpfel
150 g Rosinen
50 g Honig
200 g saure Sahne
Zimt
Vanillepulver
etwas abgeriebene Zitronenschale
gehackte Haselnüsse

Butter und Honig glatt rühren und nach und nach das Mehl unterkneten. Den Mürbeteig eine Stunde im Kühlschrank ruhen lassen, anschließend ausrollen und in eine gefettete Springform geben. Am Rand etwas hochziehen und bei 200° C einige Minuten vorbacken. Das Wasser zum Kochen bringen, die Hirse einstreuen und 20 Minuten auf kleiner Flamme ausquellen lassen. Die Äpfel grob raspeln. Sobald die Hirse etwas abgekühlt ist, Äpfel, Rosinen, Honig und saure Sahne unterrühren und mit Zimt, Vanille und Zitronenschale abschmecken. Die Masse auf den Teig streichen, mit den Nüssen bestreuen und bei 175° C etwa 50 Minuten backen.

Marzipanhirse

100 g fein gemahlene Mandeln
50 g Honig
500 ml Wasser
1 Stück Zimtrinde
Nelken
125 g Hirse
150 g Tofu
3 – 4 EL Orangensaft
1 EL Honig

Die Mandeln und den Honig in der Küchenmaschine so lange rühren, bis sich ein Kloß gebildet hat. Das Wasser mit etwas Zimtrinde und Nelken aufkochen, Hirse einstreuen und 25 Minuten bei kleiner Flamme ausquellen lassen. Ist die Hirse etwas abgekühlt, Zimtrinde und Nelken entfernen und das Marzipan unterrühren. Den Tofu mit Orangensaft und Honig pürieren und unter die Hirse-Marzipanmasse ziehen.

Varianten für dieses Dessert:
Die Hirse in Milch kochen und statt des Tofus 200 ml geschlagene Sahne unterrühren.
Das Marzipan mit einigen Tropfen Rosenwasser und etwas Bittermandelöl versetzen.

Soufflee mit Kirschen

500 ml Wasser
150 g Hirse
2 Eier
2 – 3 EL Honig
100 g gehackte Mandeln
Butter für die Form
50 ml Sahne
200 g Magerquark
Vanillepulver
500 g Kirschen

Das Wasser zum Kochen bringen, die Hirse einstreuen und auf kleiner Flamme 25 Minuten ausquellen lassen. Die Eier trennen, Eiweiß zu sehr steifem Schnee schlagen, Eigelb und Honig unter die Hirse rühren. Die Mandeln in einer Pfanne trocken anrösten und hinzufügen. Eischnee vorsichtig unter die Masse ziehen und das Soufflee in eine gefettete Auflaufform füllen. Bei 180° C 30 Minuten backen. Währenddessen die Sahne schlagen und mit der Vanille unter den Quark heben. Die Kirschen waschen, abtropfen lassen und nicht entstielt auf einem Teller anrichten. Das Soufflee mit dem Quark und den Kirschen servieren.

Pudding mit Erdbeermark

500 ml Milch
150 g Hirse
Vanillepulver
2 EL Honig
1 EL gehackte Mandeln
250 g Erdbeeren
etwas Zitronensaft
2 EL Honig

Die Milch zum Kochen bringen, Hirse einstreuen, Vanille hinzufügen und 30 Minuten auf kleinster Flamme ausquellen lassen. Vom Herd nehmen, Honig und Mandeln unterrühren und abkühlen lassen. Die Erdbeeren klein schneiden und mit Zitronensaft und Honig im Mixer pürieren. Das Erdbeermark auf dem Pudding verteilen.

Fast ebenso gut wird das Erdbeermark, wenn man dafür tiefgekühlte Früchte verwendet. Der Genuss des Hirsepuddings ist also nicht unbedingt an die Erdbeerzeit gebunden. Probieren Sie auch ein Fruchtmark aus Himbeeren dazu.

Buchweizen

Seinem Namen zum Trotz hat **Buchweizen** mit Weizen wenig zu tun – zumindest botanisch gesehen. Buchweizen ist ein Knöterichgewächs wie Rhabarber oder Sauerampfer. Weshalb er den Getreidesorten zugerechnet wird, also doch etwas mit dem Weizen gemein hat, liegt daran, dass Buchweizen wie Getreide verwendbar ist und sich auch im Hinblick auf seinen Nährstoffgehalt durchaus mit »echtem« Getreide messen kann.

Ursprünglich in Kleinasien beheimatet, gelangte der Buchweizen im Mittelalter nach Europa, wo er bis ins 19. Jahrhundert hinein angebaut wurde. Dann trat die Kartoffel ihren Siegeszug an, und das »Arme-Leute-Essen« Buchweizen geriet mehr oder weniger in Vergessenheit. In größeren Mengen angebaut wird Buchweizen heute in den USA, Kanada, China, Polen und Russland.

Bereits zehn bis zwölf Wochen nach der Aussaat bringt die genügsame, rosa blühende Pflanze, die etwa 60 bis 80 Zentimeter hoch wird, kleine Samen hervor. Die Erträge sind bescheiden und lassen sich auch durch synthetische Dünger nicht steigern – ein Grund dafür, dass die konventionelle Landwirtschaft kaum Interesse am Buchweizenanbau hat. In Farbe und Form erinnern die kleinen nussig schmeckenden Früchte an Bucheckern, wovon sich auch ihr Name ableitet. In den Handel kommt Buchweizen in geschälter Form, d. h. ohne seine harte dunkelbraune Hülle.

Die leicht verdaulichen hellgelben bis grünlichen Körnchen sind reich gesegnet mit den Aminosäuren Lysin und Tryptophan, den Weizen übertrumpfen sie in dieser Hinsicht glatt um das Dreifache. Neben Vitamin E und Vitaminen der B-Gruppe sind vor allem die Mineralstoffe Kalium, Calcium, Phosphor, Magnesium, Eisen und Fluor von Bedeutung. Weil Buchweizen darüber hinaus glutenfrei ist, also kein Klebereiweiß enthält, eignet er sich für die Ernährung bei Stoffwechselstörungen wie Sprue (bei Kindern Zöliakie genannt).

Buchweizen benötigt nur eine kurze Garzeit, nach 15 bis 20 Minuten ist er bereits weich. Vorsicht: Kochen die Körner zu lange, zerfallen sie. Weil Buchweizen beim Kochen stark schleimt, empfiehlt es sich, ihn vorher unter fließendem Wasser heiß abzuspülen. Dadurch wird der rote Farbstoff, der bei empfindlichen Menschen eventuell zu Unverträglichkeiten führen kann, ausgewaschen. Alsdann lässt man ihn in der eineinhalbfachen Menge Wasser oder Gemüsebrühe zugedeckt auf kleinster Flamme garen. Vor dem Kochen kann man die Körnchen in etwas Öl oder Butter oder auch trocken anrösten, bis er einen angenehmen Duft verströmt.
Zum Backen ist Buchweizen nur bedingt geeignet, jedenfalls wenn man dabei an lockere, gut aufgegangene Kuchen denkt – dazu fehlt ihm das Klebereiweiß. Aber: Man kann aus Buchweizenmehl die herrlichsten Pfannkuchen und -fladen bereiten. Nicht zuletzt dafür ist dieses Getreide ja bekannt – man denke da nur an die in Russland so beliebten Blinis.

Frühstücks-Porridge

Pro Person:
2 EL Buchweizenschrot
2 EL Roggenschrot
2 EL Grünkernschrot
1 EL Sesamsaat
1 EL Öl
300 ml Wasser
1 TL Gomasio (Sesamsalz)

Buchweizen-, Roggen- und Grünkernschrot sowie den Sesam mischen und in heißem Öl bei mittlerer Hitze goldgelb rösten. Unter Rühren so viel Wasser hinzufügen, dass ein dünner Brei entsteht. Kurz aufkochen und 10 Minuten auf kleinster Flamme ziehen lassen, bis der Porridge eine sämige Konsistenz hat. Mit Gomasio abschmecken.

Dieser Porridge (in England bereitet man ihn mit Hafer zu) ist schnell zubereitet und eine gute Grundlage für einen gelungenen Start in den Tag.

Buchweizen-Paprika-Aufstrich

1 kleine Zwiebel
Öl
100 g Buchweizenschrot
250 ml Gemüsebrühe
1 rote Paprika
100 g Butter
1 TL Paprika edelsüß
Salz

Die Zwiebel fein hacken und in etwas heißem Öl andünsten. Den Buchweizenschrot dazugeben und rühren, bis er vollständig von Öl überzogen ist. Mit Gemüsebrühe ablöschen, kurz aufkochen und auf der ausgeschalteten Herdplatte 15 Minuten ausquellen lassen. Währenddessen die Paprika putzen und in sehr kleine Würfel schneiden. Paprikawürfel und Buchweizen mischen, Butter unterrühren und mit Paprika und Salz abschmecken.

Behalten Sie ein paar Paprikawürfel zum Garnieren zurück.

Fenchelsuppe

80 g grober Buchweizenschrot
1 Zwiebel
1 mittelgroße Fenchelknolle
30 g Butter
1 l Wasser
1 EL körnige Gemüsebrühe
Salz
Pfeffer
Zitronensaft
½ Bund Petersilie

Den Buchweizen in einer Pfanne trocken rösten, bis er zu duften beginnt; beiseite stellen. Die Zwiebel in feine Ringe, den Fenchel quer zur Faser in Streifen schneiden. Die Zwiebelringe in zerlassener Butter glasig dünsten, die Fenchelstreifen dazugeben und unter Rühren einige Minuten garen. Mit Wasser ablöschen, Gemüsebrühe und Buchweizen einrühren und zum Kochen bringen. Etwa 10 Minuten auf kleiner Flamme köcheln lassen. Mit Salz, Pfeffer und etwas Zitronensaft abschmecken. Die Petersilie fein hacken und vor dem Servieren über die Suppe streuen.

Gurken-Rettich-Suppe
für heiße Tage

2 EL Buchweizen
2 Salatgurken
1 großer Rettich
125 ml Sahne
3 EL Olivenöl
Pfeffer
Kräutersalz
frischer Borretsch

Den Buchweizen in einer Edelstahlpfanne trocken rösten, bis er zu duften beginnt; beiseite stellen. Die Gurken schälen, längs halbieren, von den Kernen befreien und in Würfel schneiden. Den Rettich ebenfalls würfeln. Beides im Mixer fein pürieren. Unter ständigem Rühren Sahne und Olivenöl hinzufügen. Mit Pfeffer und Salz abschmecken.

Suppe auf Teller verteilen, Borretsch in feine Streifen schneiden und darüber streuen. Die kalte Suppe sofort servieren, dazu den gerösteten Buchweizen reichen.

Für diese Sommersuppe wird Buchweizen in der Pfanne geröstet. Unter dem Namen Kasha kann man gerösteten Buchweizen auch fertig kaufen.

Feldsalat mit Buchweizenkeimen

Keime aus 3 EL Buchweizen
150 g Feldsalat
150 g Tomaten
1 reife Avocado
Saft einer Zitrone
1 – 2 EL Apfelessig
Salz
Pfeffer
Apfeldicksaft
4 EL Distelöl
Sojasauce

Den Buchweizen wie auf Seite 13 beschrieben keimen lassen. Den Feldsalat sorgfältig waschen, Wurzeln und welke Blättchen entfernen. Die Tomaten überbrühen, enthäuten und in kleine Würfel schneiden. Die Avocado halbieren, das Fruchtfleisch mit einem Löffel herauslösen und in Streifen schneiden. Mit Zitronensaft beträufeln, damit sie nicht braun werden. Aus Essig, Salz, Pfeffer, Apfeldicksaft, Öl und Sojasauce ein Dressing rühren. Feldsalat, Tomaten, Avocado und Buchweizenkeime in eine Schüssel geben und das Dressing hinzufügen. Den Salat gut durchmischen und sofort servieren.

Blinis I

150 g Buchweizenmehl
150 g Weizenvollkornmehl
20 g Hefe
250 ml lauwarme Milch
1 Ei
Salz
ungehärtetes Kokosfett zum Ausbacken

Buchweizen- und Weizenmehl mischen. Die Hefe in etwas lauwarmer Milch auflösen und 10 Minuten gehen lassen. In die Mitte der Mehlmischung eine Vertiefung drücken, die aufgelöste Hefe hineingeben und alles zu einem Teig verarbeiten. Mit Milch, Ei und Salz glatt rühren und zugedeckt an einem warmen Ort eine Stunde gehen lassen.
In heißem Fett aus dem Teig 16 kleine Blinis backen.

Die klassische Beilage zu den in Russland beheimateten Blinis ist Borschtsch, ein dicker Rote-Bete-Eintopf.

Blinis II mit Rhabarbermus

20 g Hefe
250 ml lauwarme Milch
175 g Buchweizenmehl
2 Eier
1 EL Honig
Öl zum Ausbacken
200 g Rhabarber
100 ml Apfelsaft
2 EL Honig
200 g Crème fraîche
Ingwer, gerieben
Vanillepulver

Die Hefe in der Milch auflösen und mit Mehl, Eiern und Honig zu einem Teig verarbeiten. Einige Minuten quellen lassen und in heißem Öl kleine Blinis ausbacken. Den Rhabarber in kleine Stücke schneiden, mit Apfelsaft und Honig weich kochen, pürieren und abkühlen lassen. Crème fraîche, Ingwer und Vanille verrühren, unter das Rhabarbermus ziehen und zu den Blinis servieren.

Ist Ihnen Crème fraîche zu gehaltvoll, nehmen Sie stattdessen einfach Naturjoghurt. Auch reines Rhabarbermus schmeckt zu den Blinis.

Buchweizenrisotto

300 g Buchweizen
2 cm Ingwer
1 EL Maiskeimöl
1 TL Kreuzkümmel
½ TL Koriander
½ TL Kurkuma
600 ml heißes Wasser
½ TL Salz
frische Korianderblätter

Den Buchweizen in einem feinen Sieb unter fließendem Wasser heiß abspülen, den Ingwer fein reiben. Maiskeimöl erhitzen und den Kreuzkümmel darin anrösten. Ingwer, Koriander, Kurkuma sowie den Buchweizen hinzufügen und unter Rühren einige Minuten rösten. Mit heißem Wasser aufgießen und 15 bis 20 Minuten auf kleiner Flamme garen. Salz dazugeben und 10 Minuten auf der ausgeschalteten Herdplatte nachquellen lassen. Die Korianderblätter fein hacken und das Risotto damit bestreuen.

Wie ein »normales« Risotto aus Reis schmeckt dieses Gericht zu Gemüse genauso gut wie solo als Vorspeise.

Kohlrabi mit Käsesauce

250 g Buchweizen
750 ml Gemüsebrühe
Kräutersalz
½ Bund Petersilie
2 Kohlrabi
etwas Salzwasser
150 g Gorgonzola
150 ml Sahne
2 EL Tomatenmark
Weißwein
Salz

Den Buchweizen in einem feinen Sieb unter fließendem Wasser heiß abspülen. Die Gemüsebrühe zum Kochen bringen und den Buchweizen einstreuen. Auf der ausgeschalteten Herdplatte 20 Minuten ausquellen lassen. Mit Kräutersalz abschmecken. Die Petersilie fein hacken und darunter mischen. Während der Buchweizen ausquillt, die Kohlrabi vierteln, in Scheiben schneiden und in wenig Salzwasser bissfest dünsten. Mit einem Schaumlöffel herausnehmen. Den Gorgonzola in das Kohlrabikochwasser bröckeln und bei geringer Hitzezufuhr unter Rühren zum Schmelzen bringen, so dass eine sämige Sauce entsteht. Sahne, Tomatenmark und einige Esslöffel Weißwein mit dem Schneebesen unterrühren, mit Salz abschmecken, Kohlrabi hinzufügen und zusammen mit dem Buchweizen servieren.

Sommerlicher Auflauf

1 Zwiebel
2 EL Butter
200 g grober Buchweizenschrot
1 l Wasser
1 EL körnige Gemüsebrühe
250 g Möhren
100 g Frühlingszwiebeln
1 kleiner Kohlrabi
Öl
Fett für die Auflaufform
100 g Hartkäse nach Wahl
1 Bund Petersilie
3 Eier
175 g saure Sahne

Die Zwiebel fein würfeln und in zerlassener Butter glasig dünsten. Buchweizenschrot dazugeben und unter Rühren kurz mitrösten. Mit Wasser ablöschen, Gemüsebrühe hinzufügen, kurz aufkochen und auf der ausgeschalteten Herdplatte 20 Minuten ausquellen lassen. Die Möhren in Scheiben, die Frühlingszwiebeln in dünne Ringe und den Kohlrabi in Stifte schneiden und in etwas Öl kurz sautieren. Den Buchweizen unter das Gemüse mischen und in eine gefettete Auflaufform füllen. Den Käse reiben, die Petersilie hacken und beides mit den Eiern und der Sahne verrühren und über der Buchweizen-Gemüsemischung verteilen. Mit Deckel bei 200° C 15 Minuten überbacken.

Buchweizen-Quinoa-Auflauf

1 Tasse Buchweizen
4 Tassen Gemüsebrühe
1 Tasse Quinoa
4 reife Tomaten
Olivenöl
Sojasauce
100 g Bergkäse

Den Buchweizen in einem feinen Sieb unter fließendem Wasser heiß abspülen und mit drei Tassen Gemüsebrühe zum Kochen bringen. Auf der ausgeschalteten Herdplatte 20 Minuten ausquellen lassen. Quinoa gründlich waschen, in einer Tasse Gemüsebrühe zum Kochen bringen und ebenfalls 20 Minuten ausquellen lassen. Die Tomaten in Scheiben schneiden und eine Auflaufform mit Olivenöl einpinseln. Die Hälfte des Buchweizens einfüllen, mit Tomatenscheiben bedecken und diese mit etwas Olivenöl und Sojasauce beträufeln. Quinoa darauf schichten und mit den übrigen Tomatenscheiben belegen. Den Käse reiben, über den Auflauf streuen und den restlichen Buchweizen auf dem Käse verteilen. Bei 200° C 10 Minuten backen.

Quinoa ist ein in den Anden beheimatetes Korn, wie Buchweizen ein »Pseudo-Getreide« und äußerlich der Hirse ähnlich. Gut sortierte Naturkostläden haben Quinoa in biologischer Qualität im Angebot.

Wenn man, wie bei diesem Rezept, mit Tassen hantiert, entfällt das Wiegen. Schief gehen kann nichts, weil auch die Flüssigkeitsmengen mit Tassen abgemessen werden. Es spielt also keine Rolle, wie groß die Tasse ist.

Bananen-Curry-Pfanne

1 rote Paprika
1 mittelgroße Zucchini
2 EL Öl
250 ml Gemüsebrühe
2 – 3 TL Curry
getrocknetes Basilikum
Kräutersalz
5 Tomaten
2 Tassen gekochter Buchweizen
2 Bananen
50 ml Sahne

Die Paprika in Streifen, die Zucchini in Scheiben schneiden und beides in heißem Öl sautieren. Mit der Gemüsebrühe ablöschen, Curry, Basilikum und Kräutersalz dazugeben und unter Rühren kurz aufkochen. Die Tomaten würfeln, mit dem Buchweizen unter das Gemüse mischen und weitere 5 Minuten köcheln lassen. Die Bananen in Scheiben schneiden, hinzufügen und das Ganze noch einige Minuten ziehen lassen. Vor dem Servieren die Sahne unterrühren.

Wer gekochten Buchweizen vom Vortag übrig hat, ist fein heraus. Im Handumdrehen ist damit ein neues Gericht gezaubert, wie die Bananen-Curry-Pfanne zeigt.

Apfelauflauf mit Nüssen

2 Eier
50 g Butter
60 g Honig
300 g Magerquark
2 TL Backpulver
2 EL gemahlene Haselnüsse
75 g Buchweizenmehl
400 g Äpfel
Fett für die Auflaufform

Die Eier trennen, Eiweiß zu steifem Schnee schlagen und beiseite stellen. Eigelb mit Butter und Honig schaumig rühren und den Quark untermischen. Backpulver und Haselnüsse mit dem Mehl vermengen und nach und nach unter die Quarkmasse rühren. Die Äpfel vierteln und in dünne Scheiben schneiden. Äpfel und Eischnee vorsichtig unterheben und den Teig in eine gut gefettete Auflaufform füllen. Bei 200° C 40 Minuten goldgelb backen.

Buchweizen-Käse-Rollen

250 g Buchweizenmehl
250 ml Milch
250 ml Wasser
2 kleine Eier
1 TL Salz
1 EL Öl
Butter zum Ausbacken
75 g Parmesan

Mehl, Milch, Wasser, Eier, Salz und Öl in eine Schüssel geben und sorgfältig verrühren. Den Teig zugedeckt eine Stunde ruhen lassen. Butter in einer Pfanne zerlassen, wenig Teig hineingeben und die Pfanne so schwenken, dass sich der Teig hauchdünn auf der ganzen Fläche verteilt. Nach 2 Minuten wenden und von der anderen Seite backen. Den Pfannkuchen herausnehmen, etwas Parmesan darüber reiben, zusammenrollen und warm stellen. Aus dem Teig lassen sich auf diese Weise, je nach Pfannengröße, zehn bis fünfzehn Pfannkuchen backen.

Wem Parmesan zu kräftig schmeckt, nimmt einfach einen milderen Hartkäse.

Spätzle & mehr

200 g Buchweizenmehl
4 Eier
Salz
250 g Wirsing
1 kleine Zwiebel
Salzwasser
Butter
Kräutersalz

Mehl, Eier und Salz zu einem zähflüssigen Teig verrühren und 20 Minuten quellen lassen. Den Wirsing in Streifen schneiden, die Zwiebel fein würfeln. Salzwasser zum Kochen bringen und den Teig mit einem Spätzlehobel portionsweise hineinhobeln. Das Wasser aufwallen lassen und die Spätzle herausnehmen, wenn sie an der Oberfläche schwimmen. Die Zwiebel in zerlassener Butter andünsten, Wirsingstreifen hinzufügen und unter Rühren einige Minuten garen. Das Gemüse mit Kräutersalz mild abschmecken und unter die noch warmen Spätzle heben.

Birnenkuchen

Teig:
100 g Butter
2 Eier
75 g Honig
100 g Magerquark
150 g Buchweizenmehl
50 g Weizenvollkornmehl
½ Päckchen Backpulver
1 Prise Salz
2 EL Zitronensaft
Fett für die Form

Belag:
700 g Birnen
Apfeldicksaft
75 g gehackte Walnüsse

Butter, Eier und Honig schaumig rühren und den Quark hinzufügen. Die beiden Mehlsorten mit dem Backpulver mischen, salzen und nach und nach unterarbeiten. Zitronensaft dazugeben und den Teig zugedeckt etwas ruhen lassen. Währenddessen die Birnen je nach Größe vierteln oder achteln. Den Teig in eine gefettete Springform füllen, die Birnen von der Mitte aus kreisförmig darauf verteilen und leicht andrücken. Etwas Apfeldicksaft darüber streichen und mit den Walnüssen bestreuen. Bei 180° C 35 bis 40 Minuten goldgelb backen.

Buchweizenwaffeln mit Orangensauce

125 g Butter
80 g Honig
4 Eier
Salz
1 TL Backpulver
Nelken, gemahlen
Kardamom, gemahlen
200 g Buchweizenmehl
125 ml Milch
4 Orangen
etwas abgeriebene Schale einer unbehandelten Orange
Ahornsirup
2 MSP Agar-Agar
250 ml Wasser
1 – 2 EL Sherry

Butter, Honig und Eier mit einer Prise Salz schaumig rühren. Backpulver, etwas Nelken und Kardamom hinzufügen und nach und nach Mehl und Milch unterrühren. Den Teig 15 Minuten ruhen lassen und dann im heißen Waffeleisen ohne weitere Fettzugabe Waffeln backen. Für die Sauce die Orangen filetieren und im Mixer pürieren. Mit Orangenschale und Ahornsirup abschmecken. Agar-Agar im Wasser lösen, zum Orangensaft geben und unter Rühren zum Sieden bringen. Sherry hinzufügen und zu den Waffeln servieren.

Agar-Agar ist ein aus Rotalgen gewonnenes Geliermittel, das als Pulver und in Flockenform angeboten wird – eine gute Alternative zu herkömmlicher Gelatine.

Mais

Christoph Kolumbus ist es zu verdanken, dass **Mais** – das Korn der Indios – nach Europa gelangte. Nicht nur in seiner Heimat Mittelamerika gehört der Mais, der dort schon seit sechs bis sieben Jahrtausenden angebaut wird, bis heute zu den Grundnahrungsmitteln. Ähnliches gilt für Indien und China sowie für Teile Afrikas. Im hiesigen Raum ist vor allem unreif geernteter Futtermais, der als Silomais in der Landwirtschaft zum Einsatz kommt, von Bedeutung.

Der Anbau von **Zuckermais** für unsere Ernährung spielt bislang eine eher geringe Rolle, wenngleich festzustellen ist, dass das angenehm süßlich schmeckende Korn sich immer größerer Beliebtheit erfreut.

Von anderem Getreide unterscheidet sich Mais allein schon durch seinen imposanten meterhohen Wuchs. Von der Aussaat bis zur Ernte braucht er nur drei bis vier Monate. Die seitlich an den Stängeln sitzenden Kolben sind von Hüllblättern umgeben und haben an der Spitze einen »Bart«.

Mais kann, anders als die anderen Getreidesorten, nicht mit hochwertigem Eiweiß aufwarten. Auch ist das zur Gruppe der B-Vitamine zählende Niacin vorwiegend in gebundener Form enthalten. Unser Körper kann es daher nur unzureichend verwerten. Der Keimling weist einen hohen Gehalt an ungesättigten Fettsäuren auf, außerdem enthält Mais viel Vitamin E. Dank der Tatsache, dass Mais glutenfrei ist, kann er von Menschen, die das Getreideeiweiß nicht vertragen, unbesorgt gegessen werden.

Die leuchtend gelben Zuckermais-Kolben haben im Spätsommer Saison. In wenig Salzwasser gekocht und mit zerlassener Butter übergossen, sind sie eine echte Köstlichkeit. Für Gerichte aus frischem Mais werden die Körner von den Kolben geschabt und weiter verwendet. Im getrockneten Zustand sind Maiskörner äußerst hart. Achtung: Nicht jede Getreidemühle ist ihnen gewachsen. Es empfiehlt sich daher, Maisgrieß (Polenta) und Maismehl fertig zu kaufen. Beides gibt es in kontrolliert biologischer Qualität im Naturkostladen. Der Küche Norditaliens verdanken wir die besten Rezepte mit Polenta. Mal ist der Maisgrieß die Grundlage für die leckersten Süßspeisen, mal kommen dort gebratene und mit Käsescheiben gefüllte Polentaschnitten auf den Tisch. Auch die mexikanischen Maisspezialitäten Tortillas und Tacos finden hierzulande mit Recht immer mehr Freunde.

Maiscremesuppe

8 Maiskolben (ca. 800 g Körner)
1 Zwiebel
2 EL Butter
2 EL Weizenvollkornmehl
1 l Gemüsebrühe
1 rote Paprika
1 grüne Paprika
Salz
Pfeffer
Curry
1 EL Zitronensaft
200 ml Sahne

Die Maiskolben in Salzwasser 20 Minuten garen, die Körner mit einem scharfen Messer vom Kolben lösen und im Mixer oder mit dem Pürierstab pürieren. Die Zwiebel in zerlassener Butter glasig dünsten, Mehl hinzufügen und unter Rühren mit der Gemüsebrühe aufgießen. Die Paprika würfeln und zusammen mit dem Maispüree dazugeben. 5 Minuten köcheln lassen, mit Salz, Pfeffer, Curry und Zitronensaft abschmecken und die Sahne unterziehen.

Polentaauflauf

1 rote Paprika
1 l Wasser
Salz
weißer Pfeffer
Muskat
250 g Maisgrieß
100 g Pecorino
2 Fleischtomaten
Fett für die Auflaufform
60 g Butter
1 Zweig frischer Rosmarin

Die Paprika fein würfeln, das Wasser zum Kochen bringen und Paprikawürfel, Salz, Pfeffer und Muskat dazugeben. Den Maisgrieß mit dem Schneebesen einrühren und auf kleiner Flamme 5 Minuten köcheln lassen, gelegentlich umrühren. Die Polenta zwei Zentimeter dick auf ein mit kaltem Wasser abgespültes Schneidebrett streichen und abkühlen lassen. Währenddessen den Käse reiben und die Tomaten würfeln. Die Polenta in fingerdicke Stücke schneiden und in eine gefettete Auflaufform schichten. Tomaten und Pecorino darauf verteilen. Mit Butterflöckchen belegen und Rosmarinnadeln darüber streuen. Bei 175° C etwa 15 Minuten backen.

Der Polentaauflauf stellt einmal mehr eindrucksvoll unter Beweis, dass man mit wenigen einfachen und preiswerten Zutaten wunderbar schmeckende Gerichte zaubern kann.

Maissoufflee

4 Maiskolben (ca. 400 g Körner)
Salzwasser
4 Eier
2 EL Weizenvollkornmehl
2 EL Butter
500 ml Milch
200 g Gorgonzola
Salz
Pfeffer
Muskat
Fett für die Auflaufform

Die Maiskolben in Salzwasser 20 Minuten garen und die Körner mit einem scharfen Messer vom Kolben lösen. Die Eier trennen, Eigelb zum Mais geben und im Mixer oder mit dem Pürierstab pürieren. Das Mehl in zerlassener Butter anschwitzen, die Milch unterrühren und zum Kochen bringen. Gorgonzola darüber bröckeln und langsam schmelzen lassen. Mit Salz, Pfeffer und Muskat abschmecken und mit der Maismasse mischen. Eiweiß zu sehr steifem Schnee schlagen und vorsichtig unterheben. In eine gefettete Auflaufform füllen und bei 200° C 30 Minuten backen. Sofort servieren.

Herzhafte Maisbratlinge

1– 2 große Maiskolben (ca. 200 g Körner)
250 ml Milch
250 ml Wasser
150 g Maisgrieß
4 Eier
1 Knoblauchzehe
1 TL Salz
1 TL Curry
Muskat
Maiskeimöl zum Ausbacken

Maiskolben in Salzwasser 20 Minuten garen und die Körner mit einem scharfen Messer vom Kolben lösen. Die Milch mit dem Wasser zum Kochen bringen, Maisgrieß einrühren, kurz aufkochen und 15 Minuten auf der ausgeschalteten Herdplatte ausquellen lassen. Maiskörner und Eier unterrühren. Knoblauch hineinpressen und mit Salz, Curry und Muskat kräftig abschmecken. Mit angefeuchteten Händen kleine Bratlinge formen und in reichlich heißem Öl von beiden Seiten goldbraun ausbacken.

Dazu schmecken Pellkartoffeln und Kräuterquark.

Polentaküchle

5 Mangoldblätter
1 l Gemüsebrühe
250 g Maisgrieß
100 g Feta
Öl zum Ausbacken

Die Mangoldblätter fein hacken und die Gemüsebrühe zum Kochen bringen. Mangold und Maisgrieß hinzufügen, kurz aufwallen lassen und auf kleinster Flamme unter gelegentlichem Rühren 30 bis 40 Minuten ausquellen lassen. Ist die Polenta etwas abgekühlt, mit angefeuchteten Händen Bratlinge formen. Den Fetakäse würfeln und die Bratlinge damit füllen. In heißem Öl von beiden Seiten knusprig ausbacken.

Brauchen Sie noch eine Idee für Ihren vegetarischen Grillabend? Bereiten Sie einfach diese Polentaküchle vor und grillen Sie sie auf einem geölten Rost.

Mais-Lauch-Auflauf

200 g Maisgrieß
750 ml Wasser
2 mittelgroße Stangen Lauch
3 Eier
150 g Emmentaler
Salz
Pfeffer
Muskat
Basilikum
Fett für die Auflaufform

Den Maisgrieß im Wasser aufkochen und auf kleiner Flamme 5 Minuten köcheln. Vom Herd nehmen und 10 Minuten ausquellen lassen. Währenddessen den Lauch in Ringe schneiden, die Eier schaumig rühren und den Käse reiben. Maisbrei, Lauch, Eier und Käse miteinander vermischen, mit Salz, Pfeffer, Muskat und etwas Basilikum würzen und in eine gefettete Auflaufform füllen. Bei 200° C 30 Minuten backen.

Sommerlaune stellt sich ein, wenn man zu diesem Auflauf einen Salat aus sonnengereiften Tomaten isst.

Maiskuchen aus der Pfanne

200 g Maismehl
200 ml Wasser
Salz
Pfeffer
½ Bund Schnittlauch
1 EL geriebener Parmesan
Öl zum Ausbacken

Das Maismehl mit dem Wasser verrühren. Salz und Pfeffer hinzufügen und 15 Minuten stehen lassen, so dass die Flüssigkeit vom Mehl gut aufgenommen wird. Den Schnittlauch in Röllchen schneiden und mit dem Parmesan untermischen. Der Teig sollte von zäher Konsistenz und dicker als Pfannkuchenteig sein. Öl in einer Pfanne erhitzen und die Hälfte des Teigs hineingeben. Auf kleiner Flamme langsam backen. Wenn der Kuchen auf der Oberseite trocken wird, wenden und fertig backen. Mit der zweiten Hälfte genauso verfahren.

Der Maiskuchen schmeckt solo, als Beilage zu Gemüse und auch als warmer Bissen zu einer Brotmahlzeit.

Gegrillte Maiskolben

8 Maiskolben mit Blättern
weiche Butter
Kräutersalz
schwarzer Pfeffer

Die Maiskolben vorsichtig schälen, die Blätter dabei aber nicht ablösen. Die Fäden sorgfältig entfernen. Die Körner mit reichlich Butter bestreichen und die Blätter wieder darüber schlagen. Oben mit Haushaltsgarn oder einem Band, das man aus einem Maiskolbenblatt dreht, zusammenhalten. Die Maiskolben auf dem Gartengrill 20 bis 30 Minuten grillen, dabei mehrmals wenden. Zum Servieren Garn oder Maiskolbenband lösen, die Blätter zurückschlagen und die Kolben mit Kräutersalz und Pfeffer würzen.

Tacos

150 g Maismehl
50 g Dinkelvollkornmehl
250 ml Wasser
1 Ei
Salz
ungehärtetes Kokosfett

Mais- und Dinkelmehl mischen, Wasser, Ei und Salz hinzufügen, zu einem dickflüssigen Teig verarbeiten und 30 Minuten ruhen lassen. Das Fett in einer Pfanne erhitzen, vier kleine Teighäufchen hineinsetzen und glatt streichen. Nach kurzer Zeit wenden und von der anderen Seite backen.

Diese kompakten Tacos eignen sich gut als Beilage zu sämigen Suppen, beispielsweise zu einer Kürbis- oder Zucchinisuppe. Auch mexikanisch inspirierte Bohnengerichte mit Chili vertragen sich gut mit ihnen.

Tortillas

50 g Weizenvollkornmehl
200 g Maismehl
600 ml Wasser
3 EL Öl
Koriander
Salz
Erdnussöl

Weizen- und Maismehl mit dem Schneebesen in das Wasser einrühren. Öl, etwas Koriander und Salz dazugeben und zugedeckt zwei Stunden quellen lassen. Der Teig sollte eine suppenartige Konsistenz haben. Das Erdnussöl sehr heiß werden lassen, etwas Teig in die Pfanne geben und bei starker Hitze backen, bis die Oberfläche fest wird und die Tortilla sich leicht vom Boden löst. Umdrehen und fertig backen. Mit dem übrigen Teig genauso verfahren.

Gut, wenngleich für unsere Zungen etwas fremd, schmecken diese Maistortillas, die ihre Heimat in Mexiko haben.

Maismuffins

2 Maiskolben (ca. 200 g Körner)
150 g Weizenvollkornmehl
100 g Maismehl
1 Päckchen Backpulver
1 TL Natron
1 TL Salz
etwas Chili
½ TL Koriander
1 EL geriebener Parmesan
1 Ei
120 ml Öl
300 g Naturjoghurt
Fett für die Muffinformen
12 kleine eingelegte Peperoni

Die Maiskolben in Salzwasser 20 Minuten garen, die Körner mit einem scharfen Messer vom Kolben lösen und beiseite stellen. Weizen- und Maismehl, Backpulver, Natron, Salz, Chili, Koriander und Parmesan mischen. In einer zweiten Schüssel das Ei verquirlen und Öl und Joghurt unterrühren. Die Mehlmischung unterarbeiten und die Maiskörner hinzufügen. Den Teig in die gefetteten Muffinformen füllen und in jedes Förmchen eine Peperoni stecken, so dass nur noch ein kleines Stückchen samt Stiel herausschaut. Bei 170° C 20 Minuten backen. Die Muffins etwas abkühlen lassen und aus den Formen nehmen.

Sehr gut passt zu diesen Muffins eine mit feinen Zwiebelwürfeln, Zitronensaft, Salz und Pfeffer abgeschmeckte Avocadocreme.

Amerikanische Maisplinsen

1 großer Maiskolben (ca. 100 g Körner)
Salzwasser
2 Eier
Salz
Pfeffer
3 – 4 EL Weizenvollkornmehl
1 TL Honig
1 EL Butter
Öl zum Ausbacken

Den Maiskolben in Salzwasser 20 Minuten garen und die Körner mit einem scharfen Messer vom Kolben lösen. Die Eier schaumig rühren, salzen und pfeffern und Maiskörner, Mehl, Honig und Butter untermischen. Esslöffelweise in heißem Öl knusprig ausbacken und gleich servieren.

In Amerika isst man diese »Corn Fritters« mit Ahornsirup oder Kompott als Nachtisch.

Rezeptindex

Rezepte nach Sachgruppen

Kuchen

Salate

Suppen

Andere Bücher aus dem pala-verlag

Die Rezepte in diesem Buch verdanken wir folgenden Autorinnen und Autoren und ihren Büchern:

Barkawitz: *Vegan genießen*
Erckenbrecht: *Querbeet*
Goetz/ Queissert: *Einfach anders essen*
Goetz: *Das Buch vom Reis*
Goetz: *Vegetarisch kochen – rund ums Mittelmeer*
Grimm: *Brotaufstriche selbstgemacht*
Grimm: *Vollwert-Muffins*
Hertling: *Kochen mit Hirse*
Krüger: *Vegetarisch kochen – international*
Rabe: *Dinkel und Grünkern*
Rabe: *Kochen und backen mit Hafer*
Rabe: *Man nehme: Keime*
Schwenk: *Kochen und backen mit Buchweizen*
Skibbe: *Ayurveda – Die Kunst des Kochens*
Szilinski: *Das Suppenbuch*
Walker: *Vollwertig kochen und backen mit Pfiff – ohne tierisches Eiweiß*
Walker: *Vollwertige Süßspeisen mit Pfiff*
Walker: *Vollwertige Weihnachtsbäckerei mit Pfiff*
Weber: *Das Buch vom guten Pfannkuchen*
alle erschienen im pala-verlag

ISBN: 3-89566-171-6
© 2001: pala-verlag, Rheinstr. 37, 64283 Darmstadt
www.pala-verlag.de
Alle Rechte vorbehalten
Lektorat: Barbara Reis
Umschlaggestaltung und Illustrationen: Kirsten Schlag
Druck: fgb • freiburger graphische betriebe
www.fgb.de
Printed in Germany

Dieses Buch ist auf Papier aus 100 % Recyclingmaterial gedruckt